小浜逸郎 Kohama Itsuo

死の哲学

世織書房

まえがき

この本は、一九九六年に、朝日カルチャーセンター横浜で行われた死についての四回の講義の記録に大幅な訂正と加筆を施し、さらに今回、まとめに当たる書き下ろし論稿を最終講として付け加えたところに成り立っている。

私は同年すでに『癒しとしての死の哲学』（王国社）という本を書いているので、死についての本を出版するのはこれで二度目ということになる。もともとカルチャーセンターでの講義は、『癒しとしての死の哲学』執筆中に考えていたことを展開したものだから、内容的には重なるところが多い。しかし、前書では臓器移植や癌告知や安楽死問題など、医療にかかわる主題に多くのページを割いているのに対し、本書ではむしろ中間部に文学的素材を配して、死の哲学的な探求へと及んでいる。また話し言葉でどこまでこの問題に迫れるかというのが、本書の眼目の一つでもあるので、その意味でも前書とは多少ちがった味わいが得られるのではないかと期待している。

講義中に、あなたはなぜ死という主題にこだわるのかと問われた覚えがあるが、その時私は明確に答えることができなかった。事実、個人的なきっかけと呼べるほどのものはない。ただ、本文でもふれているとおり、自分自身が子ども期に、死という何びとも逃れられない事実に対して、悲しみと不安と不可解さの感覚を味わったこと、自分の子どもが幼年期に、この事実を知ってある強い情緒的な反応を示したことなどが、考察の下敷きになっている。またハイデガーの『存在と時間』に盛られた死の思想に接したことも大きい。

しかし私は、特に死について考えようというモチーフをはじめから強く持っていたわけではない。人間とはどういう存在かについて、普通の人間の生の中にあぶりだされてくるさまざまな現象の意味について、できるだけ自前で考えてみたいという望みを抱いて、ささやかな努力を注いできたにすぎない。死を取り上げるのも、この主題がそうした私なりの視野に訴えてくるかぎりでのことである。ただ、こうして死という角度から人間を見つめ直してみると、この主題がいかに人間の生全体にとって根底的な意味を持っているかということに我ながら驚いているのも事実である。

私がこの本で繰り返し主張していることは、簡単にまとめてしまえば、次の二つのことに帰着する。一つは、多くの人が「人は一人で生まれ一人で死んでゆく」といった言い方で、死をただひたすら絶対的な孤独の相のもとにとらえようとするが、人間の死は、必ずしもそういうしくみにはなっていず、むしろ一つの共有体験ではないのかということ、である。そしてもう一つは、死は、たとえば癌告知の場合のように、ただそれが実際に人を脅かしにやってきたり、像としてはっきりと予知的に迫ってくる局面においてのみ人間を規定する事象としてあるのではなく、普通に元気に活動している私たちの日常の生のあり方を、さまざまなかたちで構造的にかつ積極的に規定していること、である。私がこれらの考えに固執するのは、人間が、現にこの世に、ともに出会いつつ生きてあること自体を、どんな超越的な原理（神、永遠性、来世、前世など）にもよらずに、しかも死というテーマを直視しつつ、そのままで肯定したいからである。

人類の歴史の中で、長い間、人間の観念の秩序をつかさどってきたのは宗教である。しかし近代の自然科学の進歩とともに、宗教的な世界秩序は根底から揺らいだ。もちろんこれからも宗教は生き延びるだろうが、大筋において、それが大多数の人々の精神を支配する時代は終わったといってよい。しかしたとえ宗教の力が弱くなったとしても、人は、自分の生を意味づける何らかの物語がなくては生きていけない。死は論理上は生の否定であるから、この否定性にどう対処するかということは、宗教的な物語に全幅の信頼を置けなくなった近代以降の人々にとって大きな哲学的課題である。

私は、いわば死の否定性を逆手に取るかたちで考えてゆくなら、この問題を切り抜けられるのではないかと考えた。つまり、もし私たちの生の構造を――その意欲、その感情、その方法のあらゆる面にわたって――、自分が死すべき存在であることを自覚しているという人間の特性から解明できるならば、「死」を「生」の条件として論理化することができ、それができれば、死の否定性は、生の肯定の物語に転化するはずだというのが、私の見通しである。この本では、その見通しの実現のために、少しだけ踏み込んだ考察を行っている。見通しの全体をあらわしだすためには、まだ膨大な考察の余地を残しているが、とりあえずここに自分の仕事のエスキスを示して、読者諸氏のご高評を仰ぎたい。

なお、第四講までは、語り形式を取っているために、時として冗長に流れてあちこちと寄り道を辿っている部分もないではない。もしこの本のタイトルである「死の哲学」に即した私の現在の思考のエッセンスに直接触れたいと思う方がいたら、終章だけを読んでいただいてもかまわない。

●死の哲学十目次

死の哲学

死のイメージ

今日から四回、「死をどう考えるか」という、少し重苦しいテーマでお付き合いいただきます。最近、とくに医療の方面で死が話題になることが多く、脳死と臓器移植の関係の問題や、安楽死、尊厳死の問題、あるいは癌患者に対して病名や余命を告知すべきかどうかという問題がさかんに論議されています。さらにアメリカでは末期医療、ターミナル・ケアというかたちで、死期の迫った人たちに医療を超えたどういう人間的なケアをやるべきかといった話がかなり展開されていて、システムとしても整備されています。それが日本に鳴り物入りで流れ込んできて、日本でも「死の準備教育《デス・エデュケーション》が必要である」と盛んに叫ばれています。以上は、一応、個別医療問題の内部で問われていることと言えます。

ところが、医療の内部で生と死が問題とされるのは当然の話なのですが、本来、個別医療の問題であるものが、直接まだ死に際にない人たちの心の中にも、考えなくてはいけない普遍的な問題として、一種のプレッシャーのように押し寄せている感じがあります。そのように、個別の医療の問題であるはずのことが、広く普遍的な社会問題として私たちの心をざわつかせるという事実には、ある時代的な理由があると思います。

死のイメージの抽象化

私たちの時代には、死はまず抽象的なイメージとして心に訪れてくると言えます。しかし、死という問題は本来は具体的なことです。一人ひとりの個人が病にかかったり交通事故にあったりして死ぬ。そして、その周辺の人たちに非常に大きな衝撃を呼び起こすという具体的な問題です。ところが現在、死は抽象的にしか問題にされないところがあって、そのことには理由があると思うわけです。それは、むしろ死ということが私たちの近辺で具体的に問題とされる機会が少なくなっていて、具体的な死のイメージがとても希薄になってきているからだと思います。つまり、日常的に「これが死だ」と実感できるようなことに、あまりお目にかかれない状態が私たちの普通の状態になっているからなのではないかと思います。

たとえば、今の日本では、戦争の悲惨な現実や極度の緊張状態、あるいは疫病が流行してそこらにごろごろと瀕死の状態の人たちがいるという状態、あるいは貧困で明日の食べるものがなくて飢えた人がたくさん満ち満ちているような状態、さらには非常に非衛生な状態が蔓延していて、いたるところに死臭がただよっているというような状態に日常接することはなくなりました。日本の中世では戦乱や疫病が絶えず繰り返されていて、河原などに行くと死体がごろごろところがっているという日常的な状態があったと言われています。私たちは、そういうところからかなり遠ざかって、たいへん衛生的な生活空間の中で毎日を送っています。戦争の危険も差し迫ってはいないし、貧困から餓死にいたるということもまず考えられません。そういう具体的な死の危険、あるいは死の生々しいイメージがほとんど消滅してしまった。消滅したと言ってしまってはちょっと言い過ぎかもしれませんが、非常にイメージが希薄になってきたということが、かえって死という問題を抽象的なかたちで私たちの中に浮かび上がらせるのではないか――逆説的な言い方ですが、そういう気がするわけです。

　また、病気にかかってもしかしたら死ぬかもしれないという状態になったときには、たいていは病院の中に囲い込まれてそこで最期をとげるというのが一般的になってきました。つまり病院死が、私たちの死のイメージのいちばん普通の状態になっているということです。あるいは、直接に死とは関わりがないかもしれませんが、死により近いところにいる老人という存在が、家族の空間の中から多くの場合追放されています。追放と言うと言葉が悪いかもしれませんが、なるべくならば核家族でかたまって、老人と同居することを避けようというかたちが進行しています。その結果、孫がおじいさんやおばあさんの死に際にあう機会が少なくなっているということもあると思います。

さらに、宗教というものが世界のことを考える場合の基礎的な枠組みをなしていた時代は遥か遠くになりました。もちろん、現在でもさまざまなかたちでの宗教活動は盛んで、現にさまざまな新々宗教が巻きおこす事件やトラブルがマスコミを騒がせていますが、そうは言ってもやはりそれは一つの相対的な光景に過ぎないわけです。すべての人がある宗教的な枠組みにとらえられて、それによって考え、生きるという状態ではないということです。あるいは、宗教の問題ももちろんあるのですが、それは個人の内面の問題に凝縮して、死の問題を本気で宗教的な手続きをとおして、みんなで感じたり考え抜いたりするような心の構えから、私たちは少し遠いところにいるということです。実際、文部省（当時）が五十年近く続けている国民性調査の結果を見ますと、「一番大切なものは」という質問への答えでは、「家族」がダントツ、次が「生命・健康」、そして「愛情・精神」と続いていて、「宗教」と答える人はほとんどいません。

このことは、死後の世界とか魂の不死があり得るかどうかといった問題に関して、一つの社会での共通了解をなかなか持ちにくい状態になっていることを示しています。もちろん、死んだらどうなるのかということについての不安や恐怖は人間である限りは同じだと思うのですが、では、死んだらどうなるかという問題を共同社会が一つの物語としてうまく構造化して、その共同社会のメンバーたちを納得させていくことが可能になっているかというと、それはたいへん難しくなっている、私たちの心を組織する一定のシステムをつくり上げることができなくなっていると言えるのではないかと思います。そうしますと、私たちが死を考えるときには、具体的な生々しいイメージや共同社会がつくっているあるビビッドな物語というかたちでその問題を引き受けるのではなくて、どうしても「死とはなにか」というような、一つの哲学的、抽象的な命題として考えざるを得ないようなところに追い込まれてくると思います。

死の最期性

次に、「死の最期性」という概念を立ててみたいのですが、「最期性」というのは、単純なことです。私たちは、日常生きてさまざまな体験をしたり、いろいろなことにめぐりあったりしていますが、誰でも最後は棺桶に入るということです。つまり、どの人間も絶対に死から逃れられないということであって、これは人間を考える上での究極のテーマであると言えると思います。お金を儲けたりあるいは権力や名誉を手にしたり、あるいはその逆に貧困であったり、権力に抑圧されたり、順風満帆な人もいれば、不運な挫折を繰り返す人もいる、そういうさまざまな人生があるのですが、棺桶に入るときはみんな同じだという意味で、死というのは誰もがその意味を噛みしめなくてはならない最終的なテーマである。棺桶に入るときは誰でも同じだというのは、単にそういう物理的な事実を語っているのではありません。王様も乞食も、欲深な者も謙抑な者も、死ぬときはみんな同じという言いまわしは、私たちに人生全体に対するある諦観あるいは覚悟といったものを強いてきます。死の絶対的な公平さは、必ずしも人生の営みのすべてをむなしく感じさせてしまうというわけではないのですが、度を越した執着や不満や欲望といったものの馬鹿らしさを人間に気づかせてくれるでしょうし、賢い生き方とは何かということについて考える準備態勢ぐらいは用意してくれると思うのですね。その意味で、ひとしくやってくる死の最期性ということを考えておくことは誰にとっても多少は必要なことです。

一般的にはそういうことなのですが、さらに、今ここで死の問題を考えるにあたっては、私たちの時代や社会に特有のこととして最期性の問題を押さえておく必要があると思います。日本は戦後、ずっと平和な状態が続いて豊かな社会が実現しました。そして、高度資本主義の時代になって都市社会化が進み、私たちは個人として、あるいは小さくまとまった家族として、かなり自足した生活を営むことができるようになりました。かつての村落社会のように、共同体の一員としてのさまざまな世間的義務なり封建的なしがらみや窮屈な規範といったものを引き受けていかないと生きていけない時代ではなくなって、個人主義的な生活というものが、周りに迷惑をかけない限り可能になっている時代だと思います。そのように個人の自由が相当程度確保された反面、今度は孤独や不安というものが個人の中にとても現実的な問題となって迫ってきています。

しかし一方で、それは一種ぜいたくな悩みだとも言えるわけです。孤独であったり不安であったりということは、明日の食うものがない人たちに対してはあまり切実な悩みの声としては響かないわけです。衣食住の基礎条件が奪われてしまったら、そっちの方が大問題にきまっていて、孤独だの不安だのといっている暇はない。その意味では私たちは、物質的な豊かさの値打ちというものを軽くみてはいけないのです。しかしだからといって、その上で感じられてくる新しい心の問題はどうでもいい、ぜいたくな悩みだからがまんしろ、というわけにもいきません。つまり、私たちがいま置かれているのは、豊かさは捨てたくはないけれども、やはりどことはなしに孤独であり不安であり、身を引き裂かれるような絶望の淵にいるというのではないけれども、なんとなく虚無的な感覚が日常の気分を支配しているといった状態です。これは今の日本の社会の中で、若者から老人まで全部に共通する気分ではないかと思います。それは「薄められたニヒリズム現象」と呼ぶことができると思います。

薄められたニヒリズム現象としての死

そのような現在の情況が、本来、個別医療の問題であるはずのことを普遍的、一般的な私たちの問題として押し広げ、ある場合には過剰に意識化させて、さらに言えばことさら騒ぎたてるというような状態にまでしている。結局、死という究極の問題が、直接の経験に直面してもいない私たちの意識に一般的な関心事として浮かび上がれば上がるほど、具体的な死が見えなくなったということを証拠立てる結果になっていると思います。

ターミナル・ケアなどを「ぜひ必要である」と訴えている人たちは、次のようなことをしきりに言います。死を語ることはこれまでタブーだったけれども、そのタブーを排して、恐れず臆せずに死について考えましょうというのですね。しかし本当にこれまで死というものが私たちの間でタブーだったのでしょうか。私は決してそんなことはなかったと思います。たしかに死が意識的自覚的にことばとして語られることは少なかったかもしれませんが、それは、死をことさら主題としてそこだけ取り出して論じることをしてこなかったということであって、むしろ逆に時代をさかのぼればさかのぼるほど、死は私たちの日常的な生活史の中にある種の不可欠な、日常生活を規定している当たり前の条件として入り込んでいたのではないかと思います。言ってみれば、死は日常茶飯事だったのではないかという気がするわけです。むしろ、ことさらいま、死ということを抽出して問題にしようということが、非常に近代的、現代的な現象であると考えた方が事実に近いのではないかと思います。

つまり、死をとりあげるという意識の仕方自体が、そのまま私たちの生の抽象性や空虚さの感覚の表現、あるいは、「これでいいのかしら、このまま薄められたニヒリズムの中を生きていってどうなるのかしら」というような、過剰な不安の表現になっていると思います。薄められたニヒリズム状況をどう生きていっていいのか確信が持てず、その焦燥感や無力感の中で、あえて死を問題化することによって死を言説化する。そして言葉の世界の中に、死の問題をことさら引っ張り込んでくることによってこの時代を生き抜ける課題をなんとか軽くしよう、あるいは死後の物語が成り立ちにくいこの時代の中にあって、生と死についての新しい自己慰安、慰めのスタイルをつくろうとしているのではないか――そういう気がいたします。

しかしそれなら、「諸君、そんなことは問題にするに足りないよ」とあざ笑ってすませられるかどうかということです。そういうことをあざ笑って、「諸君が過剰に意識して、不安がっている死の問題は、時代的、歴史的なこういう背景があるのだから、そういうことがわかってしまえば、こんなことは問題にしなくていいんだよ。その日その日を楽しく過ごせればそれでいいじゃないか」というようにして逃げきれるものかどうかというと、なかなかそうもいかない。やっぱり私たちは私たちの時代特有の不安と向き合わざるをえないと思います。

近代以前の時代は、死についての宗教的な物語が、共同社会の中に組み込まれてあったと思うのですが、そういうものがうまくつくれなくなった現代であればこそ、こうした不安が根拠を持っているわけです。そうであれば、死についての新しい物語をなんとか作れないだろうか。それはけっして安っぽい慰めであってはなりません。私たちの時代の感性や気分に適応した、しかも死の意味を論理的につきつめた上での新しい死についての物語を、なんとかつくり上げる必要があるのではないかと思うわけです。

近代以前の死

これはたいへん膨大な問題になってしまうと思います。不勉強なものですからあまりきちんとしたことは言えません。まずきわめて粗っぽい仕方ではありますが、さしあたり近代以前の死についての物語、主としてその時代の社会の知識層がつくり上げてきた近代以前の死についての物語を、概観してみたいと思います。これはかなり恣意的なサンプルとして出してきたものです。人間の死生観というのはそれこそ民族、時代、社会によってさまざまで、一概には言いきれないのですが、いくつかの代表的なサンプルというようにご理解いただければいいと思います。

古代ギリシアは、科学や哲学が人間史の黎明期に驚くべきかたちで発達した社会であったわけですが、ここでも死について考えた哲人たちがたくさんいたと思います。代表者としてエピクロスとプラトンを挙げてみます。

エピクロスというと「エピキュリアン」という言葉のもとになっていて、快楽主義のように誤解されているようですが、それはちょっとちがっていて、彼はむしろ、快楽に溺れる生き方をしりぞけて、「アタラクシア」の境地ということを言うわけです。アタラクシアというのは、外界にわずらわされない、心の平穏不動の状態を言います。つまり、今ここにないものをいたずらにロマンチックに求めていくとか、あるいは欲望の奴隷になるということをできるだけ排していくことです。日本語で「自然体で」という言葉がよく使われますが、「アタラクシア」というのはこれに近い。がっついて求めることをせずに、自然体で現在の心の安定をめざして生きることがすなわち理想の生き方なんだというのが、エピクロスの思想だと思います。

死についてエピクロスが語った言葉が、その思想の特徴を表しています。

> 死はわれわれにとって無である。われわれが生きている限り、死は存しない。死が存する限り、われわれはもはやない。

これは、なんとも当たり前のことです。哲学づいた思春期の少年などが、理屈をこねていかにもこういうことを言いそうだという感じがします。まさに哲学少年が言いそうな理屈のようであるというところが、エピクロスの思想のちょっと不充分なところだという気がします。これは、「私たちは死を経験していないし、われわれは命ある存在である。死というのはその命の否定であるわけだから、そういう意味ではわれわれにとって無である。生きている限りは無ではないわけだから、死はわれわれに親しいものとしては存在しないだろう」ということです。死んでしまえばわれわれの意識はなくなりますし、生命が消滅するわけですから、われわれはもはや在りません。私たちは自分の死を経験することは不可能であって、経験できるのはせいぜい他人の死にすぎません。

つまり、こういう言い方で、一つの慰めの提出をしていると思います。簡単に言えば、「死なんていうことを起こる前からくよくよ不安がってもしょうがないんだよ、また起こってしまったらもうそのことを意識できないんだから、それはわれわれにとって何者でもない。だから死について考えないようにすることが平安をもたらすんだ。いま生きているこの現世を大切にしなさい」ということだと思います。

これは一つの理屈、一つの知恵として、多くの人を納得させる部分があると思います。必ずしも古代思想の特徴というわけでもなく、いつの時代にもこういう割り切り方はあるでしょう。実存主義哲学者のサルトルもこれに近いことを別の言い方で、「死は、あくまでわれわれの実存にとっては偶然性以外のなにものでもない」と言っています。だから、死なんて考えてもしょうがないということです。

これはたしかに一つの言い方にはちがいありませんが、私たちが死に対して情緒的、感情的に向き合うときに感ずるある切実さ、死に対する切実な恐れや不安というものを、この言葉は完全にはフォローしていないという気がします。経験できっこないことをくよくよ考えたって何の意味もない、というのも本当ですが、逆に、絶対に経験不可能であるにもかかわらず、それがやってくることは確実であるという不条理が人を限りなく不安にするとも言えるわけです。したがって、こういう言い方をされた場合、反論を返すわけにもいかず、そうかといって、感情の上ですっきり納得するというわけにもいかず、「それはそうだけどさ」ということで終わってしまうところがあるという気がします。

個人的な好みで言えば、私はこういう言い方は嫌いではなくて、なかなかスパッとしていていいのではないかと思うところもあるのですが。

プラトンの〈死の思想〉

古代ギリシアの哲学者の中で、ほかの哲学者に比べて質・量ともに圧倒的な体系知を展開したのが、プラトンです。プラトンのほとんどの著作は、先生であるソクラテスが語ったものを記録したという体裁をとっています。例えば、『パイドン』という作品は、ソクラテスが死刑の宣告を受け、アテネ市民の命令に従って、自ら毒杯をあおいで平然として死におもむくわけですが、そのお別れの間際に弟子たちが集まって、魂の不死についてのソクラテスの教説を聞くという体裁をとっている作品です。その中で、死についての考察が相当長いページにわたって展開されています。

以下はプラトンが書いている言葉そのものではなくて、ごく簡単に要約したものです。まず、哲学者と死の関係についてこう言っています。

> 哲学者は喜んで死を受け入れる。なぜなら、死とは魂の肉体からの解放であり、哲学者こそ肉体的快楽からもっとも遠ざかり、絶えず魂に対して関心を寄せてきた存在であるから。

プラトンにとって哲学者という人間像は一つの理想的な人間像であって、この浮き世の、現世の快楽とか煩悩といったものから限りなく自由な、絶えず真実を追い求めている存在ということになります。そしてさらに、

世界には善そのものとか美そのものといった真実在が存在する。

これはイデアというように呼ばれています。善なる行いとか、美しい花とか、そういう具体的なものの背後に善そのものや美そのものを想定するのがプラトニズムの特徴ですが、それをイデアと呼びます。そういうイデアに触れるためには、感覚の座である肉体から離れて、純粋の知そのもの、魂そのものによらなければならない。つまり不可視のもの、見えないものにこそ本来的な価値があるので、見えない真実在に対して、感覚によって迫ろうとしても無理である。人間の感覚というのは限界があって誤ることが多い。錯覚を錯覚というように判断できない。例えば夢の中で、人間は夢を真実だと思い込んでいる。そのほか、覚めていても錯覚とか言い間違い、思い違いがすごくあるわけです。だから、感覚に頼っているだけでは決して真実というものに到達することはできないというのがプラトンの考え方の基本です。

この世の中に生きている限り、われわれは肉体の拘束を受けているわけで、したがって感覚に支配

されています。生きている限りはこの世のくびきから完全に脱することはできないのですが、プラトンは、できるかぎり脱する方向性をとることが望ましいあり方であるというかたちで、死というものとイデアの世界とを結びつけようとしていると思います。次のところでそれがもっとはっきりとします。

> 魂はそれが純粋、正常であればあるほど不可視的であり、分割不能であり、不変で自己同一的であるものに触れている。

これはあらゆるイデアの本性と、魂との共通点を言ったものです。つまり、そういう不可視的で決して見えず、分けることもできず、しかも変わらないもの、自己同一的であるもの、魂というのはそのように、イデアと同じ種族に属している。肉体の方はその反対である。目に見えて、うつろいやすく、常に分解しやすく、いろいろなかたちをとり、自己同一的ではない、そういう種族に属するのが肉体である。だからたとえ肉体がばらばらになっても、そのまま魂がちりぢりになってしまうことなどあり得ないという、一種の三段論法です。

> 魂は肉体に生命をもたらす唯一のものである。ところが生命の反対は死である。ゆえに魂

は不死である。

これもちょっと考えるとそういう理屈が成り立つかなというような、かなり雑な三段論法です。初めから証明されるべきことが前提されているので、論理的なおかしさを突くことはむずかしくありません。しかし、もちろんこんなに単純なかたちで言っているだけではありません。ソクラテスは現象界のさまざまなものの表れなどを通じて、魂の不死を必死になって弟子に説こうとしているのですが、しかし単純化して言ってしまえば、結局、こういう三段論法を繰り返しているだけなのです。「魂というのは生命をもたらすただ一つのものであって、ほかにそういうものは存在しない。ところが生命の反対は死である。したがって魂というのは不死である」というように、魂の不死を結論づけるわけです。それを弁論のレベルで反駁することは簡単です。

たとえば、「あなたは、大前提のところで、すでに魂を絶対的実体として措定しているが、その実体性そのものは何によって証明されるのか」と問うなら、論理実証的にはけっして答を見出せないはずです。もし魂は生命の根源であり、むしろ生命的なものそのものだと答えるなら、この三段論法はただ、生命は死の反対だという同義命題を繰り返しているにすぎません。この論法で、別に魂の不死が「証明」されたわけではないのです。だから、本当は、この教説を支えまた教説がめざしているのは、論理ではなく、「魂」という理念に対するソクラテスと弟子たちとの深い信仰の共有なのです。

しかし、大事なことはこれがへ理屈であると指摘することではなくて、プラトンが考えた死の思想は、哲学者が持つべき禁欲的な理想と真実への情熱の二つに支えられたところで像を結んでいるということを理解することです。哲学のことをフィロソフィといいますが、それは「知を愛する」という意味です。つまり肉体の快楽から自由になることと、真実を愛することとを車の両輪のようにして、その行き着くはてに死というものを物語化し、死についてのイメージを構成しようと考えているのだと思います。それは現世との対立の極として死を位置づけ、しかも死を理念化するということだと思います。そこではわれわれが経験する死というものが、実は不死の証明であるというように反転するわけです。つまり、ここでプラトンが言おうとしていることは、死というのは結局は肉体の死にすぎないのだということです。肉体の死によってこそ魂の不死が出現し、そしてその魂が本来あるべきよりよい状態にいっそう近づくということになるわけです。そのように、死というものを肯定できるとプラトンは弟子たちに説くわけです。

この考え方をキリスト教も明らかに受け継いでいて、「永遠の生命」ということを考えたわけです。ただ、よくプラトンの言い分を観察しますと、この魂の不死の物語も、じつは死というものが結局は人間のあるがままの生の否定性であることを認めていることがわかります。人間の現存性、肉体を持って生きているこのあるがままの生の否定性であるということだけは、やはり密かに確認されているわけです。死が現存性の否定であるということを認めなければ、この論理は成り立ちません。死が私たちの見知っているこの現実的な生のある劇的な変化であって、結局のところ生の反対物であるということは、どこかで承認されているわけです。つまり、肉体が死ぬことによって初めて魂がよりよい状態、本当の状態に近づくということですから、死というものが、われわれの生きているこの生の否定であるということだけは、この論理からいけば確認されているということになります。

結局、それがずっとキリスト教にも引き継がれていく一種の自己慰安の作用をもたらしていることになると思います。肉体は死んでも魂は不死であり生命は永遠であるというかたちで、必死に自己慰安をすることによって、死の不安とか恐怖から逃れようとしている論理だということになります。永遠の精神というものを想定して、それに己れの精神を託すことによって不安を解消していこうという一種の不安解消術が、プラトニズムからキリスト教に受け継がれたメンタリティのいちばん根本にある部分です。

ところでそれは、実は「生きたい」というように言っているのと同じだと思います。「死にたくない」と言っていることなのです。つまり、哲学者とか知識人、あるいは僧侶の人たちが編み出したこういう論理は、実は自分たちの世界像、観念世界を救い出すことによって自分たちの生への情熱、あるいは生への執着をよりいっそう生き延びさせようとしていることになります。それは、一方では、とても脂ぎった旺盛な生への執着を表していると思います。これはちょっと見抜くのが難しいのですが、そこで論理が反転しているわけです。よく考えてみれば、肉体は死すべきものだけれども、永遠の生命とか不死なる魂は存在するという仮説を立てることは、実は「おれたちは生きたい」という旺盛な生への執着を根づかせようとしていることなのだ、ということが見えると思います。現世否定による来世肯定は、じつは反転した現世肯定の欲望にほかなりません。この魂胆を見抜いて、それはひねくれていると指摘したのがニーチェです。

仏教思想の死生観

いま述べたようなことは東洋でも同じではないかと感じられると思いますが、抽象的な枠組みとしてはその通りです。東洋でも「彼岸」というものに思いを馳せるわけです。ただ、死とか生というものを見つめるニュアンスが、東洋はかなり違うという気がします。東洋思想の中心は仏教です。私はにわか勉強で大きなことは言えないのですが、仏教思想の死生観というものが、枠組みとしては西洋のこういう考え方と同じでありながら、どこがニュアンスとして違っているかということを、私の判断で際立たせてみようと思います。

『摩訶止観』という本がありますが、これは天台宗の基本典籍になっているものです。隋代の智顗《ちぎ》というお坊さんが「法華三大部」というのを書きましたが、その中のいちばん重要な本だということです。これは岩波文庫から出ていますが絶版らしくてなかなか手に入りません。あっさり白状してしまうと、私も全部読んだわけではありませんで、谷崎潤一郎の『少将滋幹《しげもと》の母』という小説を読んでこういうものがあるということを知ったのです。

『摩訶止観』巻第九の上

＊

[1] これら死屍は、顔色は黯黒《あんこく》なり、身体は洪直にして、手足は葩華《はけ》のごとく、膖脹《ほうちょう》し膾鄧《そうとう》し、韋《なめしがわ》の嚢《ふくろ》に風を盛るがごとく、九孔《きゅうこう》より流《る》溢《あい》し、はなはだ穢悪《あいあく》なりとなす。行者みずから念《おも》うに、わが身もかくのごとく、いまだ離れずいまだ脱《のが》れず。愛するところの人を観《かん》ずることもまたまたかくのごとし。[2] この相が発するとき、一分の定心《じょうしん》を得て、黮黮《たんたん》として安快《あんかい》なり。[3] 須臾《しゅゆ》の間に、この脹《ふく》れたる屍が、風吹き日暴《さら》して皮肉破壊し、身体坼裂《たくれつ》して形色改異《けいしょくかいい》し、了《つい》に識るべからざるを見る。[4] これを壊相《えそう》と名づく。また、坼裂せし処に血が中より出《い》で、散溜《さんる》し塗漫《ずまん》し、処処に斑駮《はんばく》し、地に灌溢《かんいつ》し、臭処の蓬勃《ほうもつ》たるを見る。これを血塗相《けつずそう》となす。[5] また、膿爛し流潰《りゅうかい》し、滐滐《さいさい》として滂沱《ぼうだ》たること蝋が火を得たるがごとくなるを見る。[6] これを膿爛相《のうらんそう》と名づく、また、残れる皮余れる肉が風日に乾炙《かんしゃ》して臭敗《じゅうはい》して黮黮《たんたん》たり、[7] 半《なかば》は青、半《なかば》は瘀《う》みて皺皺皻皻《ろうろうとうとう》たるを見る。これを青瘀相《しょうおそう》となす。また、この屍がしかも狐狼鴟鷲《ころうしじゅう》のために噉食《たんしょく》せられ、粉葩《ふんば》を闘い競い、𠠝裂《かくれつ》し拽挽《えいばん》するを見る。これを噉相《だんそう》となす。[8] また、頭手《かしらて》が処を異にし、五臓《ぞう》が分張して収斂《しゅうれん》すべからざるを見る。[9] これを散相《さんそう》となす。また、二種の骨を見る、

一は膿膏《こう》を帯び、一は純《もっぱ》ら白浄《はくじょう》なり。[10]あるいは一具の骨を見、あるいは聚落《しゅうらく》に遍ず。[11]かくのごときの諸相が転ずるとき、定心《じょうしん》したがって転じ、黯黯《あんあん》として沈寂《ちんじゃく》なり、愉愉として静妙《せいみょう》なり。安快《あんかい》の相《そう》、説《と》くとも罄《はか》るべからず。不壊法《ふえほう》の人の観ずるところはここに斉《かぎ》れり。

[12]いまだこの相を見ざれば愛染《あいぜん》はなはだ強し、もしこれを見おわれば欲心すべて罷《や》む。懸《はる》かにして忍耐せず。糞を見ざればなおよく飯を噉《くら》うも、たちまちに臭気を聞《か》がばすなわち嘔吐するがごとし。[13]また、浄法《じょうほう》を捉《とら》うる婆羅門《バラモン》が、しかも癰髄《ようずい》を塗れる餅を噉《くら》い、頭を槌《つち》うつてみずから責め、われすでに了《おわ》りぬといえるがごとし。[14]もしこの相を証すればまた高眉・翠眼・皓歯《こうし》・丹脣《たんしん》といえども、[15]一聚《いちじゅ》の屎《くそ》を粉がその上を覆えるがごとく、また爛屍《らんし》が仮に繒綵《そうさい》を著けたるがごとし。なお眼に視《み》ず、いわんやまさに身に近づくべけんや。[16]塵杖《ろくじょう》を雇《やと》って自害（せるあり）。[17]いわんや歍《う》抱《ほう》し淫楽《いんらく》せんや。

＊

これは、『摩訶止観』の第九巻の上にある一節です。簡単に言えば、この世の中は不浄であって、人間が死んだときにいかに体内の汚らしいものを露出していくかということを、悪趣味なまでにリアルに書いている部分です。

1　これら死屍は、顔色は黯黒《あんこく》なり、身体は洪直にして、手足は葩華《はけ》のごとく、膖脹《ほうちょう》し膾鄧《そうとう》し、韋《なめしがわ》の嚢《ふくろ》に風を盛るがごとく、九孔《きゅうこう》より流溢《るあい》し、はなはだ穢悪《あいあく》なりとなす。行者みずから念《おも》うに、わが身もかくのごとく、いまだ離れずいまだ脱《のが》れず。愛するところの人を観《かん》ずることもまたかくのごとし。

愛するという言葉は、明治近代以降、非常に尊いことのように思われていますが、仏教では愛というのは「愛染」、「愛欲」などといって、あまりいいイメージではなく、この世の執着が断ち切れないということを表します。

2　この相が発するとき、一分の定心《じょうしん》を得て、黮黮《たんたん》として安快《あんかい》なり。

黮黮としてというのは黒々としてという意味らしいのですが、ちょっとわかりにくい。「この相が発するとき」、死体の醜さがあらわれるときに、「一分の定心を得て」、定心というのは仏道についたときの統一された心の落ち着きという意味だと思います。死体の醜さがあらわれるときに、それをこちら側から観想すれば精神の落ち着きを得るのだということです。「黮黮として安快なり」、安快という意味は少しイメージがつかみにくいですが、この黒々というのはそんなに悪いイメージではなくて、安らかな気分が充実するということだと思います。

3　須臾《しゅゆ》の間に、この脹《ふく》れたる屍が、風吹き日暴《さら》して皮肉破壊し、身体坼裂《たくれつ》して形色改異《けいしょくかいい》し、了《つい》に識るべからざるを見る。

少しの間に膨れ上がった屍が、風が吹いたり太陽にさらされたりして、中身が破れて、形や色が変わってくる。ついに、もとの原型をとどめないような、なんだかわからないような状態になってしまいます。

4　これを壊相《えそう》と名づく。また、坼裂せし処に血が中より出《い》で、散溜《さんる》し塗《ず》漫《まん》し、処処に斑駁《はんばく》し、地に灌溢《かんいつ》し、臭処の蓬勃《ほうもつ》たるを見る。これを血塗相《けつずそう》となす。

血が飛び散ってあたりに広がって地面に流れ出して、「蓬勃」はもくもくと盛んに起こるというような意味で、臭気があたり一面雲のように立ちこめるということです。このように、死体がだんだん腐乱して、骨になっていくまでの段階を細かくリアルに描き出しながら、その各相に名前をつけていくわけです。

5　また、膿爛し、流潰《りゅうかい》し、渫渫《さいさい》として滂沱《ぼうだ》たること蝋が火を得たるがごとくなるを見る。

膿があふれて破れ流れだしていく。そして、燃えていくようだということです。

6　これを膿爛相《のうらんそう》と名づく、また、残れる皮余れる肉が風日に乾炙《かんしゃ》して臭敗《じゅうはい》して黮黮《たんたん》たり、

皮や肉が風や日に照らされて、あぶり出され、腐り果てて黒々となっていく。

7　半《なかば》は青、半《なかば》は瘀《うる》みて皺皺皶皶《ろうろうとうとう》たるを見る。これを青瘀相《しょうおそう》となす。また、この屍がしかも狐狼鵄鷲《ころうしじゅう》のために噉食《たんしょく》せられ、粉葩《ふんぱ》を闘い競い、劚裂《かくれつ》し拽挽《えいばん》するを見る。これを噉相《だんそう》となす。

狐狼鵄鷲というのは動物です。狐、狼、鳶や鷲のために噉食せられる。噉というのは食べる、食らうということです。粉葩というのはもともとは悪い意味ではなくて、これは咲き乱れた花びらという意味ですが、肉の中身が鳥獣に食いちらかされて、花びらのように咲き乱れるということです。拽挽

というのはくちばしで引っ張って引きずり出すということだと思いますが、その状態を噉相というのだそうです。

8　また、頭手《かしらて》が処を異にし、五臓《ぞう》が分張して収斂《しゅうれん》すべからざるを見る。

内臓などがいろいろなところに飛び散って、一か所に集めることができない。

9　これを散相《さんそう》となす。また、二種の骨を見る、一は膿膏《こう》を帯び、一は純《もっぱ》ら白浄《はくじょう》なり。

この二種の骨というのはどういう区別になっているのかよくわかりませんが、膿膏は膿《うみ》と脂《あぶら》がそれにまとわりついていて、もう一つはもっぱら白浄だということです。

10　あるいは一具の骨を見、あるいは聚落《しゅうらく》に遍ず。

いろいろなところに散らばるということでしょうか。

11　かくのごときの諸相が転ずるとき、定心《じょうしん》したがって転じ、黯黯《あんあん》として沈寂《ちんじゃく》なり、愉愉として静妙《せいみょう》なり。安快《あんかい》の相《そう》、説《と》くとも貲《はか》るべからず。不壊法《ふえほう》の人の観ずるところはここに斉《かぎ》れり。

哲学者も、仏教もそうですが、好んで逆説を弄するところがあります。つまり、このように醜くむごたらしい状態を観想すればするほど、心が落ち着いてくるというのです。それは「愉愉として静妙なり」、非常に楽しい愉快な気分で、心が精妙な気分になる。「安快の相、説くとも貲るべからず」、言葉で言うとしてもはかり知れないぐらい、安快な気分になる。楽しいな、愉快だなということです。

これは、醜い死体を見ながら、「ざまあ見ろ」と言って喜んでいるということではなくて、日本人ならすぐにおわかりだと思いますが、不浄の相というものを深く観ずれば観ずるほど、人生の無常ということがよく認識できて、早くこの世からおさらばする構えができるということではないかと思います。覚悟、腹が決まること、それを安快と言っているのだと思います。

12　いまだこの相を見ざれば愛染《あいぜん》はなはだ強し、もしこれを見おわれば欲心すべて罷《や》む。懸《はる》かにして忍耐せず。糞を見ざればなおよく飯を噉《くら》うも、たちまちに臭気を聞《か》がばすなわち嘔吐するがごとし。

死体が腐って、骨が風化している状態をつぶさに見れば、この世に対する愛欲とか執着はだんだんなくなっていく、忍耐しなくてもいいような状態にだんだんなってくる。人糞を見ない間は平気で飯を食っているけれども、そのいやな臭いを嗅いでしまうと、もう吐き気がして飯も食えなくなるということです。

こういうふうになることはいいことだ、早くそうなるべきだと言っているのです。

13　また、浄法《じょうほう》を捉《とら》うる婆羅門《バラモン》が、しかも癰髄《ようずい》を塗れる餅を噉《くら》い、頭を槌《つち》うつてみずから責め、われすでに了《おわ》りぬといえるがごとし。

お坊さんが、疫病にかかって腐った部分を餅の表面にぬって、それを食べるようなものだ。そして「なんて、自分は不浄の世界にいるんだろう。不浄の世界にいることは悪いことだ」と言って頭を槌で打って、自責の念をかき立てる。早く死んでしまいましょうということです。

14　もしこの相を証すればまた高眉・翠眼・皓歯《こうし》・丹脣《たんしん》といえども、一聚《いちじゅ》の屎《くそ》を粉がその上を覆えるがごとく、また爛屍《らんし》が仮に繒綵《そうさい》を著けたるがごとし。

この相をたとえれば、麗しい眉、青い目、白い歯、赤き唇、要するに美男、美女の美しい状態でも、それは迷いであって、中身はひと塊の糞であって、その上に粉がまぶしてあるにすぎないということです。繒綵は絹とか綾の美しい着物だと思いますが、それは、すでに腐った死体が、その上に美しい着物をまとっているだけのことなのだということです。

15　なお眼に視《み》ず、いわんやまさに身に近づくべけんや。

見ることさえできない、まして身体を近づけることが、どうしてできよう。

16　塵杖《ろくじよう》を雇《やと》つて自害（せるあり）。

これは言い伝えの中に、ある尼さんがこういう人生の不浄であるということを知って「早く死にたいものだ」と思って、塵杖という人に殺してくれと頼んだそうです。そうしましたら、塵杖がばさっと刀で斬ってくれたそうです。その刀を塵杖梵志という人が水で洗っているときに、魔神が現れて、

「お前はたいへんいいことをした」と褒めてくれたという話があります。それから自殺志願のお坊さんが増えたという言い伝えがありますが、そのことを言っています。

17　いわんや歍《う》抱《ほう》し淫楽《いんらく》せんや。

『摩訶止観』は天台宗ですから、平安初期に日本に伝えられたと思うのですが、それより少し後の平安中期に『往生要集』というものがあります。これは源信の浄土宗の教えをわかりやすく説いたものので、たいへん有名な本です。いちばん最初のところに、「地獄、餓鬼、畜生、阿修羅、人間、天上」と、仏教で説いている六道のありさまを絵に描いたようにリアルに書いているのが出てきますが、その中にもこの部分が引用されていて、そこでは「歍抱」となっています。これは抱擁したり接吻したり抱き合うということです。

つまり、この世の不浄を知って自殺したお坊さんたちがいるぐらいなのに、どうしてそういう不浄を抱きしめたり、それと交わって快楽をむさぼるようなことができようかということです。

徹底してこの世の中というのは汚いんだ、人間の肉体とは汚いんだということを、「これでもか、これでもか」というふうに印象づけることによって無常観をかき立てて、そして早くこの世の中からおさらばすることがいいのですよということを言っていると読めます。穢れたこの世への未練執着を断ち切って、不浄な肉体からできるだけ早く離れることをよしとするというように、一応は読めるのです。つまり、「厭離穢土、欣求浄土」ですね。

そういう意味では、先ほどのプラトンが考えているような、死というのはちっとも悲しいことではなくて、かえって魂の不死の状態、魂の本来的な状態に近づくことであるから、諸君、死を悲しんではいけないと言って従容として死におもむいたプラトンの考え方とかなり近いと言えると思います。これは西洋、東洋ともみんなそうですから、おそらくイスラム教でも同じようなことを言っているだろうと思います。

ただ、まったく同じだと言ってしまってはいけないわけで、西洋的な霊肉二元論、精神と肉体の二元論とこれはかなり違うところがあると考えた方がいいと思います。それは向き合っている姿勢、あるいはアクセントの置き方が違うと思います。『摩訶止観』に出てきたやり方というのは、不浄な肉体から早く離れることを勧めていると同時に、死というものを過剰に精神的なものとみなす考えを、逆に断ち切ろうとしているニュアンスがあるというように見えます。

つまり、この不浄の肉体への未練を早く断ち切れとはいっているのですが、それ以上に、どこかに永遠の世界、精神世界のようなものを新しくリアルに構築しようという意図があるかといえば、どうもそういう意図は希薄であるような気がします。もちろん、仏教にも極楽浄土というような世界はありますが、これはたぶんに感性的な浄福感に訴えかけてくる要素の強いもので、身体感覚からそんなにかけはなれたものとは思えないのですね。

プラトニズムの場合には肉を去った後の精神世界の素晴らしさ、魂の不死ということにアクセントを置いて、そこを強調しているわけです。ところが、仏教的な考えの『摩訶止観』の場合には、いかにこの世がこんなに醜いものかということばかり言っているということです。つまり、素晴らしいものがリアルに展開されているということではなくて、魂も肉体の惨めな腐乱過程に寄り添ってしまって、人というのは死んでしまえばこのようになってしまってそれ以外なにものでもなく、やがては風雪にさらされて塵のごとく消え去ってしまうという無常観のほうにぐっと引きつけているということです。終わってしまう生以外のところに何か生き延びる永遠の道というようなものを観念の力で構想してつくっていこうというのが西洋だと思いますが、東洋のほうは、そういうこと自体もむなしいというような、むしろその意味では、魂の永遠など認めず、徹底的なリアリズムの考え方を出しているのではないかという気がします。

エピクロス的な考え方、プラトン的な考え方、仏教的な考え方とたどってきたのですが、ここでぜひ確認しておきたいことがあります。それは、現世を大切にせよと説くエピクロスにせよ、永遠の生を説くプラトンにせよ、早く現世への未練を断てと説く仏教にせよ、その基本のところに、死という事象に対するある共通の受けとめ方、感受のしかたがあって、それにもとづいていろいろ異なる対処法を考えているということなんですね。つまりそれは、だれもが、死とは、この感覚でき実感でき意識できる世界からおさらばすることなんだということがわかっているという事実を意味します。死についてあれこれのしかたで問題にするというその態度そのものが、どの人も死という事象の本質を共通のしかたでつかんでいる証拠なのですね。そのことを重要なポイントとして確認しておきたいと思います。

西洋の民衆の死生観

西洋と東洋の伝統的な死生観というものをだいたい眺めてきたわけですが、これは、どちらかといえば現世とか社会秩序からはみ出した人間、今で言えば知識人ですが、哲学者とかお坊さんが自分たちのアイデンティティ、存在をなんとか救済するために、自分たちの世界像に引きつけて描いた一種の死生観です。もちろん、民衆にそれが受け入れられて浸透していったわけです。けれども、われわれの死生観は「それだけだ」というように考えてしまうと、どうもそうではないというところがあります。それは私がそのように思っているのではなくて、そうではないということが最近よく言われています。

そこで、少し見方を変えて、西洋において普通の日常生活の中で民衆がどういうふうに死を受けとめていったか、死というものが、どうとらえられてきたかということを、一種の民俗学的、フォークロア的な見方で追いかけてみた方がいいのではないかと思います。つまり思想としてではなくて、習俗史とか心性史、日常的な普通の生活者の心性の歴史、そういうものとして考えてみたらどうかと思って、アリエスという人の『図説　死の文化史』という本を当たってみました。アリエスは一部では非常に有名な人で、『〈子供〉の誕生』という本を書いたフランスのアナール学派に属する歴史家です。『〈子供〉の誕生』の中で彼は、家族とか教育制度というものが社会制度として確立する近代以前の段階では、子どもはみんな小さな大人として扱われていたので、われわれが考えているような児童期とか子供期というのは、それ以前には存在しなかったということを言っています。こう言ってしまうと非常に単純で、「そんな馬鹿な」と言えるところもあるのですが、いろいろな歴史資料を駆使してもう少し緻密に言っています。

この人は、「子どもと家族の歴史について書いたアリエス」ということで日本では有名ですが、ある本の序文で「私は家族史家ではない。私は、普通の人間が一生を送っていくときの心性の歴史、いろいろな心のあり方の歴史というものを全部書きたいと思ったのだ」ということを言っており、そういう彼のモチーフの一つとして死の問題をやっています。『図説　死の文化史』というのは分厚い本で、日本エディタースクール出版部というところから出ていて少し高いですが、とてもおもしろいものです。文章よりも図像が半分以上で、それを見ているだけでもなかなか楽しいと言ったらおかしいですが、骸骨やいろいろな写真がたくさん出ていますので非常に興味深い本です。その中のほんのわずかですが、さわりだけ持ってきました。

叙述自体はあちこちに飛んでおり、結論的に何が言いたいのかというのがとてもわかりにくい本です。時代的に単線的に古代から中世、近世、近代へとたどっているのではなく、テーマ別の編成になっていて、話があちこちに飛びます。ですから必ずしも見通しがいいとは言い難いのですが、私が興味を持ったところを以下のように整理してきました。このようなことが言いたいのだろうということで、四つぐらいに絞って挙げてみました。

まず、お墓の空間的配置が古代からどのように変わってきたかということを言っています。古代ローマ時代から四～五世紀ぐらいまで、ゲルマンが侵入した時期だと思いますが、このころのお墓というのは多くの場合、村とか町の集落の外に追い出されて街道沿いに線状にあったということです。それは、キリスト教が確立する以前のことですが、やがて、お墓は次第に線から面の状態に広がります。これは増えてきて骨を納めきれないということもあるのだと思いますが、だんだんと町の中に進入してきます。そして、キリスト教が確立してどの地区にも教会が建てられるようになると、お墓は教会の下に設置されるようになります。これがずっと中世から近世まで続くということです。

時代が下って近代になると、再び町郊外のきれいなところに緑をたっぷり配置して墓地をつくるというかたちになってきます。ある場合には、われわれの時代にすぐ直結するのですが、さらに都市がスプロール現象みたいに膨張していってそれを取り込んでしまって、航空写真で見ると墓地というのは都市の中の虫食い状態のところのように見えます。アリエスはこのように墓地の空間的配置の変遷というのをたどっています。

西洋における死の受けとめ方の変遷

二番目に、アリエスは、キリスト教的規範からの漸進的な変化のあとをたどっています。古代中世のキリスト教的規範はとても強固なものだったけれども、近世から近代にいたるにしたがってだんだんとそういう規範から脱していくということが、さまざまな図像、絵画、彫刻に見受けられるようになります。

中世の宗教絵画などには、人が死んだときに最後の祈祷という儀礼があって、これは司祭以下いろいろな人がやって来て一定の儀式をやるわけですが、そういうことが絵の中に表されています。それがやがて、死の間際に懺悔を聞く告解というかたちに変わっていく過程が、絵を見ることによってたどれるといいます。

図1は、十五〜十六世紀の絵ですが、白い頭巾をかぶった人が瀕死の人ですが、聖母だと思います。これは一般の人が死んだということではなくて、特別なシチュエーションだと思いますが、そこにたくさんの人たちが詰めかけて、ほとんど隙間がありません。アリエスは、これを死が開いてしまう不安とか空虚というものに対する恐れからこういうふうに空間を満たしたのだろうと言っているのですが、それがどこまで当てはまるかどうかはわかりません。

上のほうに、白い服を着て何かを持っている人がいます。この人が多分、司祭で、聖ペテロを図にしたのだと思います。左側に器を持った弟子のような人がいます。そこに水が入っていて、灌水器でパッパッと聖水をふりまいています。これから死んでいく女の人はろうそくを持たされています。おそらく持つ力はないので、無理に持たされているのでしょう。水の容器を持ったすぐ下に子どものような人がいて、器をフーッと吹いています。これは香炉の炭を吹いて起こしているのだということです。その右側に腰かけて本を広げている人がいますが、これは祈りの文句を読み上げています。このように、みんなで寄ってたかって死んで行く人の前で最後の祈祷や儀式をやるというたいへん賑やかな臨死の状況です。これが元の状況なのですが、やがて時代が下るにしたがって、死んでいく人の周辺がもう少し孤独になっていき、告解の儀式をやるというふうに変わっていくということを言っています。

それから、「最後の審判」というのがキリスト教の観念にあります。これはユダヤ教にもありました。人類が社会を営んで人生を送っていくうちに、最後に神であるキリストが再び現れて、一人ひとりを審判して、地獄送りにするか天国に送ってやるかを決めるという審判の観念があります。けれども、これは時代が進むにしたがって、そういう共同観念がだんだんと薄くなっていって、最後の審判自体が後ろに退いて、最後の審判を受けたときに送られる地獄の様相が絵画の中ですごく複雑多様化して、そちらをビビッドに描き出すことに人々の関心が移っていきます。

（図１）ヤン・ポラク『聖母の御眠り』（15–16世紀）、メッス博物館所蔵（P.アリエス『図説 死の文化史』日本エディタースクール出版部、1990年、147ページより）

同時に、共同体全体としての最後の審判という観念がしだいに薄らいでいって、一人ひとりが死に臨むときが決定的な審判のときになるということです。それは、告解の儀式を通して行われます。一生を振り返って自分は地獄を選ぶか天国を選ぶか、どちらに行く資格の人間であるかを自分で選択させることを表した絵が増えてくるというところにあらわれています。これは神が決めるのではなくて、神はそれを見守るだけで、自分で言わせるわけです。つまり、一人ひとりの内面の自由を尊重して、決定を自分でさせるということを表している絵が増えてくるということです。

それからもう一つ、煉獄という観念があります。これは、ダンテの『神曲』の中に地獄と煉獄と天国という三層を経巡っていく話として出てくるのでよく知られていますが、煉獄というのは本来、聖書にはないと思いますが、中世からだんだんそういう観念が発達してきました。煉獄は地獄と天国の間にあります。最後の審判で「Aさんは地獄行き」、「Bさんは天国行き」と決められてしまうと、地獄で苦しむ者は永遠に天国に行けないので、間に煉獄を設けて、それほど悪いことをしていない者は、煉獄に行って火で焼かれる苦しみを味わい、天国に行けるように浄化してこいということで、そういう煉獄の世界を新しいフィクションとしてつくって、それを発展させていくということを表す絵なり彫刻なりがとても多くなってくるそうです。

アリエスが言っていることですが、これは、生者と死者の結びつきの重要性が意識されてきたことを表すのだということです。煉獄があるということは、試練を受ければ天国に行けるという一つの可能性を提供しているわけです。その可能性の中に、生き残った生者が死者のために祈るという要素を入れるわけです。これは、生者が煉獄に行っている死者のために祈ってあげることによって、その祈りが聞き届けられてより早く天国に行けるという可能性を留保させておくことを意味するわけです。そのことは生者と死者の個人的な結びつき、つまり愛の関係を重視するようになったことをあらわしています。愛する人が死んでしまう。その原因が例えば不義の恋であったとすると、その人は煉獄に行くでしょう。それを残った人が必死に祈ってあげることによって、なんとか天国に行けるようになるかもしれない。つまり、そういう生者と死者の個人的な結びつきの重要性というものがとても意識されるようになってきたことなのだとアリエスは見ているわけです。

先ほどソクラテスの話をしましたが、ルネッサンス以降、異教徒の世界、つまり古代ギリシアの世界が見直されるようになってきます。やがて啓蒙主義の理想の中にもそういうことが取り入れられるのですが、哲人が神に頼らず従容として死を受け入れていく、死に臨むときのそういう姿勢が非常にいいこととされ、次第に臨死の光景から司祭が姿を消していきます。それに代わって、画面には、死を受け入れていく本人の周りで、そのことを嘆き悲しむ人たちの悲壮観が前面に出てきます。つまり、死が私的な親密さを増すことになるわけです。これが図2です。十八世紀のロマン主義的な絵だと思いますが、ドラクロアなどに近い絵です。

左側に手をあげてる女の人が二人いますが、その間におじいさんが寝ています。この人の周りに親

（図２）ジャン＝バティスト・グルーズ『罰せられた息子』（1778年）、パリ、ルーヴル美術館所蔵（P.アリエス『図説 死の文化史』163ページより）

族一同が集まって、大げさともいえる状態で嘆き悲しんでいます。そういうふうに、悲壮観とか私的な親密さというものが画面の中で増してきて、これが重要な意味を持ってくるということで、それを「死の私化」とアリエスは言っています。つまり、自意識とかこの世への愛着に培われた個人主義の価値が無視し得ないほど重要性が増してきて、そういう価値が引き上げられて絵の中に反映する。同時に、共同体の中で死というものを共有するような、かつての儀式的な死というものから、むしろ個人的な死、恐ろしい孤独の相の中での死が好んで描かれるようになっていくということです。

以上が、キリスト教的規範のゆるみといいましょうか、変化の過程の中での、死の受けとめ方の変遷について述べた部分です。

西洋における〈死体〉意識の変化

それから第三番目ですが、人骨、お骨の処理の仕方、また墓地というものに対する意識がどのように変化してきたかについてアリエスは述べています。

十八世紀ぐらいから骸骨の像がよく出てきます。解剖学が発達して、人間の骨というのはこのようになっているというのがはっきりした影響だということですが、単に一部の医学の専門家やエリートたちが骸骨に対して関心を示しているのではなくて、芸術品にも取り上げられます。また、解剖というのは医者だけが見学するものではなくて、見せもののようになっていました。「解剖があるぞ」と言うと、町中の人が「見に行こう」と平気で見に行ったそうです。死体置き場なども開けっ放しでした。モルグというのは死体置き場という意味のフランス語で、ポーの『モルグ街の殺人事件』という有名な小説は、死体置き場ということです。新しい死体が出たら、モルグにおもしろ半分に見に行けるという時代です。

フランス革命以前のアンシャン・レジームのときは刑罰などもたいへん残酷で、車裂きなどということを平気でやっていました。ギロチンもフランスですが、ギロチンが残酷な刑具だというのは誤りです。これは、ギヨタンというお医者さんが発明したのですが、それまでの車裂きの刑があまりにも残酷でかわいそうだから、バサッと首を落とせるものを考案しようということで発明されたもので、一つの進歩なのです。そういうことが普通であった時代だったことをよく考えて下さい。芸術品にも

（図３）マルシャンとアンセンブルクのトマス及びその妻ノイフォンゲのアンネマリー（それぞれ1728年と1734年に死去）の葬礼メダル、ルクセンブルク、トウンタンゲの教会（P.アリエス『図説 死の文化史』286ページより）

骸骨の像がありますが、頭蓋骨を持ってきてそれを静物画の重要なモチーフとして取り上げたり、彫刻がつくられたりしました。アリエスは、これは単なる悪趣味ではなく、死者との対話の可能性を残しておきたいという、より個人的な動機もはたらいていると言っています。

その証拠品となるのが図３です。これは夫と妻ですが、その夫妻が亡くなった後にその夫妻の骸骨をあしらったメダルをつくったというのです。われわれの感覚では、気持ちが悪いと思いますが、解剖学の発達の影響もあって、全身整

（図４）ローマ、サンタ・マリア・デルラ・コンチェツィオーネ教会の最初の地下礼拝堂、いわゆる「カプチン会」の礼拝堂（P.アリエス『図説 死の文化史』296－7ページより）

って動いて、思索したりする骸骨、女の人と踊ったりする骸骨、そういうイメージがこの時代はとても強くなります。それは、おそらく死者との対話の可能性を残しておきたいという生者の個人的な動機もはたらいていたのではないかということです。

さらに、それまでは納骨堂に骨を分散して保存していましたが、その納骨の習慣がくずれてきます。これもまた驚きなのですが、図４を見てください。これはローマの「骸骨寺」として有名な地下礼拝堂ですが、納骨の習慣が生きていたころのものです。死んだ人の骨はどこかに埋め込んで永久に見えないようにすればいいと思うのですが、そうではなくて丁寧にとっておくのです。それも一体として遺体ごとに保存しておくのではなくて、バラバラに切り離して身体の部位ごとに保存しておくわけです。これにはある意味があって、埋葬することの価値が低い時代なのです。つまり、肉体というのは何者でもなくて、魂を教会に預けるわけです。したがって、教会が儀式中心に死というものを秩序の中に取り込み、死を教会が采配するわけで、墓地での埋葬はそんなに意味がないわけです。埋葬を重要視するということは、その人の完全な身体をそこに残しておくことであり、それは家族にとって大切な遺体であるので、それをそこに残しておくという観念だと思います。けれども、中世までは教会のほうが中心であって、教会の秩序の中に永遠の魂として召されたのであるから、身体としての統一性、骨の頭蓋骨から全部揃っているようなそういう統一性はあまり重要でないということですから、骨は分解して保存するわけです。こういうふうに分散保存していたのが、近代以前です。

それを表しているのが図4ですが、これは全部骨です。右の半分下のところに頭蓋骨がずらっと並んでいます。完全な身体にしてあるのもありますが、これは壁画、装飾の構図として完全にしてあるので、完全である故人の骸骨として意味があるわけではありません。天井のところに一体、完全なのがありますが、多分これはキリストを表していると思います。紐状の鎖のようなものを手に持っているのですが、これは秤です。つまり、最後の審判で、地獄行きか天国行きかを計る秤です。このように、人間の死というものを、キリスト教の秩序の中に徹底的に再構成しなおすということをやっていました。

しかし、次第にそういう習慣がくずれてきて、墓というのは故人の霊が宿っている場所であって、墓そのものが大事になります。墓にもいろいろな墓固有の変遷史があります。十字架だけの墓や縦板だけの墓とか、横板だけの墓などいろいろありますが、そういうものがだんだん一体化してきて、十字架を立てると同時に横板の墓をそこにつくるわけです。横の板は遺体を示しており、そのような墓が多くなってきます。当然、骨そのものの分散も許されなくなってきて、一体、一体、故人の墓碑名がついた墓に埋める習慣になってきます。

（図５）死んだ子どもの肖像（1900年頃)、レジェ＝キャバレ・コレクション（P.アリエス『図説 死の文化史』383ページより）

家族化する死

最後になりますが、四番目に、死のテーマが家族化するということが言えると思います。

いくつかその兆候があり、子どもの死を主題にしたさまざまな表現がたくさん出てきます。これは図５です。やや不気味ですが、この赤ちゃんは死んでいます。死んだ子どもの肖像です。これはもうすでに二十世紀に入ろうとしている時期です。しかもこのときは、写真術がだんだん発達してきて、非常に流行します。写真に撮っておけるのだからということで、きれいな洋服を着せ、リボンをつけて、腰かけに座らせて、こういうものを記念として残しておこうという兆候が出てきます。要するに、この身体として永遠に生きているのだということです。昔であれば肉体と精神は切り離して、肉体はどうでもいいけれども霊は生きていて、その霊は教会に預けますというかたちだったのが、そうではなくて、霊と肉を一つの統一体として身体を保存するという観念になってきます。

「メメントモリ」ということばは「死を思え」という昔から有名な言葉ですが、これは死に対して準備しておけという一つの宗教的な戒めの意味を持っていました。そういう戒めのための記念品のようなものがあって、それはロケットやペンダントのようなものです。パカッと開けると、中に小さな骸骨が入っていて、絶えず自分は死すべき存在なのだということを意識しておけ、そして、仏教にも似ていますが、この世の空しさを絶えず肝に銘じておけということを知らせたのです。そういう品物が昔からあったのですが、これが次第にそういう宗教的な教訓の意味を失って、一種の個人的な形見、つまり死んだ故人を忘れないための品物の意味を持ってくるようになります。日本でいえば数珠がそれに当たるのかもしれませんが、数珠は、あくまで故人の冥福を祈るためのもので、形見という意味は持っていません。

ここにその例をあげております（図6）。これ自体は、メメントモリ、「死を思え」の教訓を表しているといってもいいのですが、実際には故人の服喪のための大切な品だというふうになっていき、さらに骸骨を入れておくのではなくて、故人の髪の毛を入れておくとか、写真を入れておくとか、「死を思え」の品物の機能がだんだん変化していきます。そういうことで、死んだ故人の思い出を崇拝したり、さらには墓地通い、お墓参りが習慣化するようになると、アリエスは言っています。

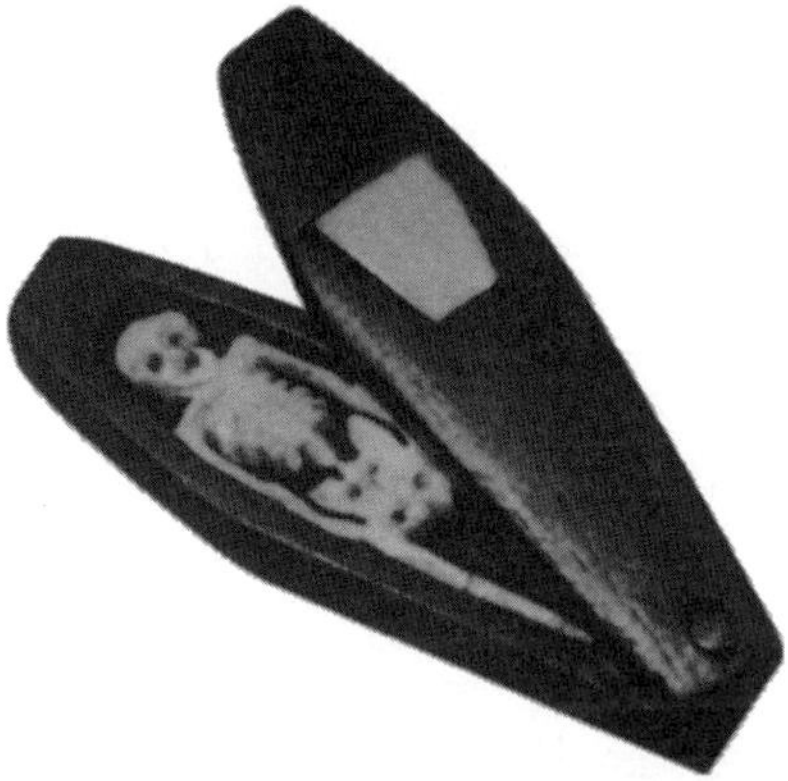

（図６）『死を想え』（18世紀の黒檀と象牙製）、ニューヨーク、ストーニー・ブルックの博物館、E.ハイデンの寄贈（P.アリエス『図説 死の文化史』356ページより）

身体に収斂される死

以上が、『図説 死の文化史』という本を私なりにまとめてみた結果なのですが、さてアリエスの仕事からどういうことがわかってくるかを結論的に述べるとすれば、近代化の歴史の中で、死が個人の身体の周りに親しくまとわりつく性格のものになってきたということが言えるのではないかと思います。

ここで身体とは単に肉体ということとは違って、肉体がこの世にあったときに、その肉体が存在することでさまざまな関係をお互いにつくりあってつくった一つの雰囲気の世界、生活の世界、それ全体を身体という言葉で代表させて言いたいのですが、そういう個人の身体の周りに死がまとわりつくような性格のものになっていくということが言えるのではないかと思います。それは単に死ということにとどまらずに、私たちが人間全体というものに対する関心のあり方を変化させてきたことにつながっていると思うのです。

近代以前には、霊と肉が分離することはいいことだと考えられていました。それは魂の永生、不死、不滅という観念をつくって、それを救い出すためにどうしても必要なことだと考えられていました。しかし、霊と肉というのは私たちの時代には分離せずに、個人の身体像、身体のイメージに収斂していくように思われます。ある人が生前に醸していたある全体の雰囲気、声とか残した言葉とか調子とか癖とかそういう生活の中に残した雰囲気のいっさいを含めて「身体像」とか、「身体」と呼びたいと思うのですが、そういうところにその人の霊も肉も統一的に表現されているということです。

そういう統一体としての個人の身体像に、周辺の親しかった人たちの愛の眼差しなどの感情的、感覚的な要素が集中するわけです。ですから、それは形而上学ではないわけです。けれども、魂と肉体の形而上学の死滅とまでは言いきれません。今でもさまざまな宗教がありますからそう言ってしまっては信仰者に怒られますが、少なくともそういう形而上学が力をなくしてしまった、その後に表れた個人の身体像というものの周りにめぐらされる感情的な感覚的な要素、そういうところに私たちの生きる関心、あるいは死への関心が集中して現れているということです。

私たちにとって死はそういう関心のあり方を直撃するようにして表れるということです。そのことが、いちばん最初に言ったように、死というものについて魂の不死とか霊魂の不滅という、宗教的な物語をつくり上げることの難しさと対応していると思います。それは覚悟してかからないといけないことなのです。そういう時代に、幸か不幸かなってしまったと思います。

ここにお集まりいただいている方に、「霊魂は不滅だ」というような素朴な信仰を持っている方はあまりいらっしゃらないのではないか、そのへんに対して懐疑的である人が集まっているのではないかと思いますので、そのことを覚悟しつつ、なお新しい死についての物語をつくらなくてはいけないと考えた場合は、こういう個人の身体性、単なる肉体ではなく、雰囲気も含めた全体としての身体性にまつわる愛とか記憶を引き裂いて失わせるものとしての死、そこのところに眼差しを集中しなくてはいけないと思います。そういう現代的な死の表れというものに適応した新しい死の物語をつくっていかなくてはいけないだろうと思います。

最近、病院で死ぬことのさまざまな不条理、たとえばパイプでつながれていつまでも植物人間のようになって生きているということに対して疑いを抱く声が多いわけです。そういう病院死の無機的な性格というものに対する私たちの不満も、身体そのものに私たちの関係のアイデンティティが宿っていることに関連していると思います。共に生きることのいちばん本質的なものが身体に宿っているのだという観念を私たちは共通に抱いていて、その観念にとって、病院死のようなあり方に対してあまり愉快になれないのだと思います。ですから、もし私たちが自分たちの生きている時代にふさわしい死についての物語を作ろうと思ったら、どうしてもそうした広い意味の身体性の観念に依拠しないといけないのだということになります。あまり安っぽい神様をつくったってダメなので、そういう身体にまつわる愛や記憶を引き裂いたり、失わせるものとしての死、そういうイメージの中にしか、現代の死のイメージは成立しないだろうと思います。

家族と死

今日は「家族と死」というテーマを扱いたいと思います。前回、死、あるいは死体というものがどのように扱われてきたかという最後のところで、身近な関係、主として家族ですが、家族の間に一つの身体としての総合的な影響力、関係を個人個人がつくっていて、その身体が解体されていくものとして現代の死をとらえ、そこに意味が限定されているという話をしました。そして、人間というのは個だけで生きる存在ではなくて、あくまでも共同的な関係をつくりながら生きていく存在であるということを考えると、その中で特に人間の基本の形態である家族と個人の死がどういう関係になっているかは、当然、扱わなければならない問題だと思うわけです。

個人的な話からはじめたいと思います。数年前、娘の通っていた学校で文化祭があり、出かけて行きましたら、生物のクラブ活動をしている女の子たちが発表をやっておりました。プラナリアという扁形動物、なめくじの赤ちゃんみたいなかわいらしい動物がいますが、かなり下等な動物で切っても切っても再生してきて、再生能力がとてもすぐれた動物です。これは便利なので、よく生物の実験などに使われるそうですが、そのプラナリアを中心にした研究発表でした。その話のテーマは、「自然環境と人間」というもので、人間が自然から動物をとらえてきて実験室で飼ったり家で飼ったりしていると、その人工的な環境は生物が実際に成育している自然環境とは似ても似つかないものであるから、そのことをよく考えなくてはいけないという話でした。

その子は話の最後に亀の話をしました。まだ年のいかない子なのに、なかなかしっかりと発表しているので、私は妙に感心してしまいました。どういう話かというと、「鶴は千年亀は万年」といってたいへん長生きをする動物であるから、みなさんはめでたい動物であるというように亀のことを思っていらっしゃるかもしれない。そして、人間が飼っている亀は、餌をやっておけばじっといつまでも生きているので、長生きする動物だと思っているかもしれないけど、あれは実は長く生きているのではなくて、なかなか死なないだけだと言ったのです。つまり、人間につかまえられた段階から、死んでいくプロセスを亀というものは歩んでいるのだという意味の話をしたわけです。

聞いていて、私は妙に感心してしまいました。どういうふうに感心したかというと、これは人間も同じだなと感じたわけです。といっても、手飼いの亀と同じように、何かにつかまえられて、しょせんははかない一生を送るという一種の無常観のような暗い感覚にとらえられたのではありません。人間は早い時期から、「自分はいつかは死ぬ存在である。有限な存在である」ということを自覚することのできる唯一の生物、存在であるということが言えると思います。そうである以上、私たちの日々の生活の過程の中に、特にはっきり死というものを意識しなくても、「死ぬ」ということがきちんとプログラムされているのではないか。生きること、生活すること、あるいは意識的、無意識的な生全体の中に、「死」が人間の生の一つの重要な決定条件として入り込んでいるのではないかと思ったわけです。しかも、ちょうどその人間につかまえられた亀がなかなか死なないのと同じように、人間もなかなか死なない。けれども、早い時期から人間は死に向かって緩慢に死んでいく過程を歩んでいる。そういう人間の一生との符合関係のようなものを感じたわけです。

また、共同的な関係をつくりながら生きていくということが人間の存在の本質ですから、そういう共同的な意味の中に死ということもなんらかのかたちで投げかけられているであろうし、死の概念そのものが共同的な意味や広がりを持っているに違いないと考えられます。その共同性のいちばん基礎的なものは家族です。たとえば家族の中の一員が病気になったとします。病気というのは死に少し近づくことですが、あるいは、もう助からないというような末期の状態にあるときはもちろん死が身近に迫ってくるわけですが、そういう個人の病気や死に近い状態、あるいは実際の死というものが当然、家族関係の中に大きな意味を持って投影されてくるだろうと思います。言ってみれば、家族全体が身内の死を生きるというか、そういうことが成り立つような気がします。そんな感じで家族と死の関係を考えてみようかと思ったわけです。

身内の死者をどう扱うか

家族の話をするのには似つかわしくないような資料がお手元にあると思いますが、実はこれは関係があるのです。近代哲学の完成者のような存在であるヘーゲルが、三十代後半に『精神現象学』というたいへん難解な大著を書いています。『精神現象学』というのは、人間の歴史を自由の実現過程として描き出そうとした本です。精神がより高次の段階に向かって自分自身を実現していって、最後に世界精神に到達するというようなイメージでこの世界や人間の歴史をとらえようとした壮大な試みです。

私も若いころ、訳本で悪戦苦闘したのですが、ヘーゲル特有の用語がたくさん出てきます。「個別性と全体性」とか「一般者」とか、「即自」とか「対自」とか、そういう抽象的なキー・タームのようなものがどういう広がりを持った言葉なのかということをつかまないと、何を言っているのかチンプンカンプンなわけで、私もそんなにわかったとは言えません。おぼろげな形で多分こういうことが言いたいのだろうというのがわかった程度です。普通の日本人の生活感覚で生きている限り、これはまともに扱える本ではないわけです。一種の哲学的な呪文で充満しているのが『精神現象学』です。

しかし、その中にわれわれが家族生活をすることにとって非常に大きな示唆をもたらしてくれる言葉が書いてあります。これを見つけ出すのはまるで謎ときのような感じで、それなりにたいへん苦労しましたが、哲学者というのは現実生活と関係のない観念ばかりをこねくりまわしているのかと思ったら意外とそうでもなく、私たちが生きていて日常でぶつかるさまざまな困難や問題を実にうまく説明してくれているところがあるものだと、哲学を少し見直しました。ほんとうは、それが特にヘーゲル哲学の特長なのかもしれないと、今では思っています。

『精神現象学』の三二〇節以下の部分ですが、まず、ここに書いてあることの背景にヘーゲルは何を想定していたかということです。ギリシアの三大悲劇詩人の一人で、最もすぐれた悲劇詩人だと思いますが、ソフォクレスという人が『アンティゴネ』という悲劇を書いております。この『アンティゴネ』がどういう構成でつくられた劇かということをお話ししないと、ヘーゲルが言っていることがあまりピンとこないと思いますので、先にそちらの方からお話しをします。

アンティゴネは、かの有名なオイディプスの娘です。オイディプスは、ラブダコス王家の出で、フロイトの言う「エディプス・コンプレックス」の由来になっている人ですね。彼はそれと知らずに、父親ライオスを殺して母親イオカステと結婚してしまうという運命の罠に巻きこまれます。オイディプスは自らの意思を超えたこの運命の力に引き裂かれ、われとわが目を刺して、国を出てしまいます。この話は同じソフォクレスの『オイディプス王』の中で扱われています。『アンティゴネ』は、ラブダコス王家のその後を扱ったものです。

イオカステとオイディプスの間に子どもが四人生まれるわけですが、ポリュネイケスとエテオクレスという二人の男の子、三番目に本編の主人公であるアンティゴネという、たいへん気性の激しいお嬢さんが生まれます。それから、アンティゴネの妹である末娘で心のやさしいイスメネがいます。また、もう一人重要な人物としてイオカステの兄弟のクレオンが登場します。この人は、オイディプスが目を突き刺して国から出た後、王様の代理役を務めています。またクレオンの息子をハイモンと言います。

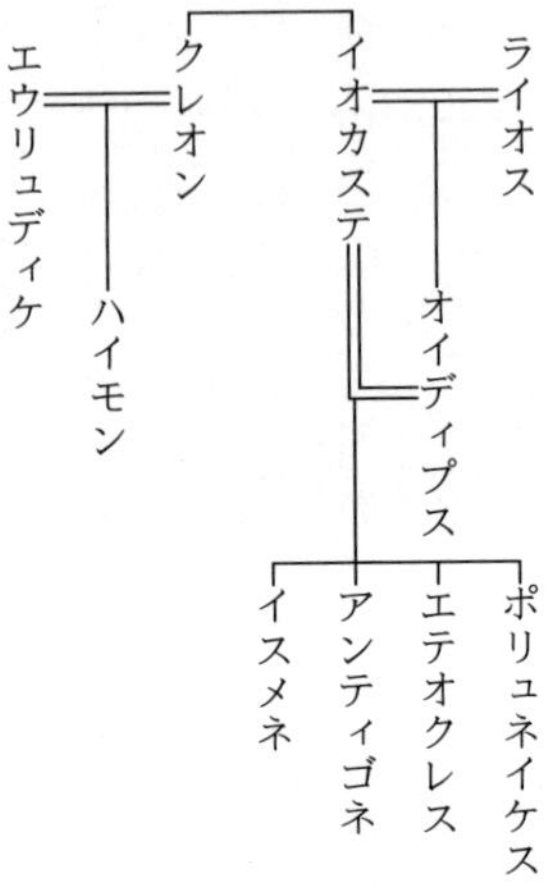

物語はオイディプスが死んだ後、ポリュネイケスとエテオクレスの二人の兄弟の王位争いがもとになって展開します。これはよくある話で、日本にも有名な「壬申の乱」という天皇家の叔父と甥の争

いがありましたが、『アンティゴネ』の二人の兄弟は一騎打ちみたいなことをやって、両方とも死んでしまいます。ポリュネイケスの方がいったん亡命をして、エテオクレスの王位を奪おうとして仕かけて争いになったのですが、なんと刺し違いといいますか、おあいこで両方とも死んでしまいます。仕方がないので傍系のクレオンが代わって王位につきます。

これは同じ血筋の人間同士の争いですが、クレオンの考え方によれば、ポリュネイケスは謀反を起こしたことになるわけですから敵対者です。そこで、両方死んでしまった二人のうち、エテオクレスの方は手厚く葬ってやるのですが、ポリュネイケスの方は絶対に葬ってはならないということで、「死体をそのまま野ざらしにして、鳥や獣たちに食わせるままにしろ。腐ってもそのままにして、絶対に葬ってはならない」とクレオンは言います。そして、「その命令を破ったものは死罪に処す」というおふれを出すわけです。

しかし、血を分けた妹である気性の激しいアンティゴネは黙ってはいません。「そういう国の掟にそむいて命を失ってもいいから、私は大切なお兄さんの死骸を自然のままに放っておくことはできない」と掟を破って、砂をかけて儀式をちゃんとやって葬ってしまいます。そのことが番人に見つかって、クレオンの前に引っ立てられます。クレオンはそんなに悪人ではないでしょうが、権力者というのはいったん出した命令に対してはメンツがありますから、いくら自分の血筋の者であるからといっても掟破りを許すわけにはいきません。やむなく、死罪に処すことにしました。死罪といってもすぐに殺すのではなく、自分で手をかけるのは気がひけるものですから、洞穴の中にとじこめて飢え死にさせようとします。これはかえって残酷な仕打ちです。

最初、妹のイスメネはアンティゴネに「お兄さんをちゃんと葬ろうと思っている」と持ちかけられて、すごく悩みますが、結局はできません。アンティゴネが捕まったとき、イスメネは「私もやりました。お姉さんと一緒に死にたい」と言うのですが、そうではないという事実がわかって許されます。実は、ハイモンとアンティゴネとは許嫁の関係で、結婚の約束をしていました。そのために今度は、ハイモンがおやじ側につくか自分の恋を大切にするかということでやはり引き裂かれます。そして、おやじと議論をするわけですが、売り言葉に買い言葉みたいになって親子喧嘩が高じて、ハイモンとクレオンは決裂します。これは「ロミオとジュリエット」みたいな感じですが、洞窟に行ってみるとアンティゴネが首をくくって死んでいたので、自分も剣で首を突き刺して死んでしまいます。

もう一人登場人物がクレオンの奥さんのエウリュディケです。この人は少しだけ出てくるのですが、当然、自分の可愛い息子が死んでしまうわけですから、「私はどうしたらいいの。生きていてもしょうがないから死にたい。どこかに連れていってくれ」と言うのですが、それをコロスの人たちが引きとめながら、「命というのは神が決める運命だから、そんなに死に急ぐことはない」と慰めの文句を唱して終わります。

ということで、このドラマは、「神々の掟と人間の掟との対立の間の悲劇」と規定できると思います。この規定は、後で述べるように、『アンティゴネ』に対するヘーゲルの読み解き方にもとづいています。神々の掟というのはここでアンティゴネが守ろうとしたことです。つまり、自分の血筋の人間が死んだ場合には、野ざらしにして死体が腐るままにするというのは許されないことで、ちゃんと手厚く葬ってやることが人としての使命である、それが神々の掟だというのです。この掟は人間と暗い冥界とのつながりを象徴してもいて、主として女性が担うことになります。一方、人間の掟というのはクレオンが出したおふれということになって、政治とか社会的な必要性が絡んでくる問題です。これは明るい地上の世界、ポリスの世界をつかさどる原理であり、主として男が担います。

つまり、「神々の掟」と「人間の掟」との対立というのは、今だったら国家や社会の要求に対する私的な人間関係の権利の問題として捉えられるのでしょうが、いずれにせよ、問題の構造は同じです。古代ギリシアの時代から連綿と続いてきて、今でもまだ解決がついていない問題だと思います。人間の問題というのはそんなに変わるものではないということです。

こういうことを前提にしてヘーゲルの言っていることを読んでみると、その難解な文句がいくらかはわかりやすくなるのではないかと思います。

家族の使命は成員の死を人間化すること

これから『精神現象学』に入るわけですが、まずヘーゲルは家族を「自然的な人倫的共同体」という言い方をしています。この言い方はたいへんわかりにくいのですが、しかし実によく考えぬかれた規定のしかたです。家族は単純に考えるなら愛情とか感覚とか欲望を基礎にして結びつく直接の人間関係の一つだと思うのです。そういう意味では、自然的な共同体ということがいえると思うのですが、単なる偶然の出会いと別れということで終わってしまわずに、一つの社会の中に根づいていく共同体として考えると、当然、その一方に人倫的な共同体、人倫性というものを家族は持つであろうというように、ヘーゲルは考えたのだと思います。

家族の人倫性というのは、いったいどういうところに表れるだろうかという問いをヘーゲルは提出します。人倫性という概念もなかなかわかりにくい。人間性と言いかえてもいいのですが、人間性というとよいことも悪いことも、理性も感情も、清濁みんな含んでしまって、むしろ逆にあまりにも抽象的になってしまう感じがします。人が他者と関係しあうときにふまえなくてはならない理性的な原理が客観的にあらわれたものが人倫性であると考えればよいでしょう。人倫性を軸とした共同性なり、あるいは行動とか関係というものは、家族だけではなくて人間がつくっている社会の中のあらゆるところに存在するわけです。市民社会の中にも人倫性はあるし、それから、最高の人倫性はヘーゲルの考えでは国家の内に表現されるということになると思います。

そのように人間がいる限り、社会をつくっている限り、いたるところに人倫性というのはあらわれるけれども、そういうさまざまな人倫性の中で特に家族の人倫性というのはどういうことなのかとい

う問題を、ヘーゲルはしつこく自問しています。そのことを一生懸命確定させようと彼は考えたのだと思うのですが、彼は、

> 家族成員の人倫的関係は感覚の関係でもないし、愛の関係でもない。

と言っています。つまり、自然的な共同体であるには違いないけれど、自然的な側面だけで家族というものを考えてみれば、それは感覚の関係でもあるし、愛の関係でもあるとも言えるのでしょうが、「ひとたび人倫性の関係だというように家族を見なした場合には、それは単なる感覚の関係でもなければ愛の関係でもない。そう呼んではいけない」と言っていると思うのです。しかし、かといってそれは国民としての人倫的関係、あるいは行動ではないということです。どこにその違いがあるのかということでさまざまなことを言っているのですが、私なりに理解できるところを出すと、その人倫的行動は、

> 血のつながる現実存在（人）全体を包括している。そしてまたそれは……市民（国民）をではなく、家族の一員であるこの個人を、対象とし内容とするものであるが、……

と言うのです。つまり、私たちの言い方で言えば、市民とか国民というとすごく一般的で抽象的です。しかし、家族の人倫性はこの個人、特定の個人を対象とする。わかりやすく言い換えるなら、「この子」とか、「おれの女房」、「この女房」、「私の可愛い子」とか、そういうことです。

> そのとき、この個人を、感覚的なつまり個別的な現実を離れた、一般的存在者として、行動の対象とし内容とするのである。

ちょっと読むと非常に矛盾したことを言っているように思えます。特定の具体的な個人を対象とするわけですから市民のような一般者を対象とするのでもない。それならなぜ「個別的な現実のもとにそうするのではなく、一般的存在者として行動の対象とし内容とする」のか。この概念はこんがらってわかりませんが、よく読んでいくと言いたいことはわかるのです。国民とか社会人としてとらえれるような一般的個人を対象とするのではなくて、特定の具体的な「この人」とか「この子」というものを対象にするのだけれども、そうかといって感覚的な個別的な現実のもとにそうするのではなくて、行動の対象や内容としてはやはり一般的存在者に対するように接すると言っているのです。「行動」というのは、そういう関係をとりながら、家族として生きるすべてのあり方という意味だと思うのですが、次にヘーゲルは、

> そういう家族としてのあり方というのは生きている人間をつかむのではなくて、死者をつかむものである。

と一気に言うわけです。本当は、この最後の結論的なところを証明するためにあれこれ論理をこねくりまわして延々と続けているのですが、そこは省きます。

ここで、「最初から死者をつかむものである」と言うわけですが、たいへんびっくりする言い方です。私はこの言い方に若いときに衝撃を受けましたが、少し年を取ってくると、「なるほど、いかにもヘーゲルの言っていることは、深みがあることだな」とわかるようになってきた気がします。

> 個々人そのものが到達するこの一般態は純粋存在であり、死である。

この一般態というのは死で、死についての説明です。

> それは、直接的に自然的にそうなった存在であって、意識しての行為ではない。

時間が経てばどんな人間も自然の掟には逆らえずみんな死んでいく、解体していく、自然的にそうなった存在であって、意識しての行為ではないというわけです。もちろん、自殺というような意識的な行為もありますが、自殺をするしないにかかわらず、どうせ人間は死ぬのだから、死というのは本来的には自然的になってしまう状態だと思います。放っておけば、死というものは自然的な行動、成りゆきであるとヘーゲルは言っているわけです。ところが、

> それゆえ家族の一員の義務は、それに意識的行為（埋葬）の側面を付け加えてやり、その結果、個々人の死という最後の存在、この一般的な存在を、ただ自然にだけ帰属させるのではなく、また非理性的なもののままに放っておくのでもなく、その行為が行われたものであり、そこに意識の権利が主張されるようにしてやることである。……この行動の意味は、むしろ自然が僭称しているこの行為の影（死）をはらいおとし、（人倫的）真実を回復することである。

これは、放っておけば自然的に解体してしまう個人の死を意識的に行われたものとして家族があえて捉え直してやるということです。

個体としての個人は放っておけば死んでしまうし、鳥や獣に食われます。鳥や獣に食われなくても、

放っておけば腐乱しますし、防腐剤をかけても駄目です。細菌や鳥獣の餌食にはならないかもしれないけど、もう少し大きな無機的な自然にいずれは帰るわけで、解体、風化していくことは避けられないわけです。それは自然が僭称している行為であって、自然の人間に対するあざ笑いの声、「人間なんか偉そうなことを言っても、ざまあみろ。おれには勝てないだろう」という声が聞こえてきそうですが、自然がもっぱら「死というのはおれの力を示すことなんだ」というかたちで、力を示しています。そういう自然の行為の影を家族が払い落としてやって、人倫的な真実を回復してやることである。単純に言ってしまえば、家族の使命というのは、その一員が死んだときに手厚く葬ってやるということに集約されるのだと、ヘーゲルは言い切っていると思います。

> 血族は、意識した運動を付け加え、自然の仕事を中断させ、血のつながる死者を破壊から奪いかえし、もっとよく言えば、血のつながる家族の一員が、どうしても純粋存在となって破壊されてしまうので、破壊の結果を自分で引き受けるのである。そうすることによって血族（アンティゴネ）は、抽象的、自然的な運動（死）を補うのである。

「血族」は、ここでは『アンティゴネ』を思い浮かべていただければよくわかると思います。アンティゴネによって葬られたポリュネイケスはクレオンにとっても血族なのですが、この人は王であるという特殊な位置から地上の掟、人間の掟にがんじがらめになっているわけです。しかし、アンティゴネはそうではないわけです。

次に出てくる「意識を持たぬ欲望」というのは、鳥や獣、あるいは近代以降は細菌が身体を腐敗させるということがわかっていますから、この細菌やウィルスのようなものをさすと考えて下さい。「抽象的な存在者」は、要するに自然の破壊作用です。腐乱して解体させられて風化していく、土に帰るということです。

> 意識を持たぬ欲望や抽象的な存在者が、死者を汚すこの行為を、家族は死者からとりのけてやり、その代わりに自分の行為（埋葬）を置いて、血のつながる死者を大地の懐に入れてやり、原本的な不滅の個人態にかえしてやる。

これが家族の役割であるという言い方をするわけです。こう言われてしまうと、ちょっと家族の役割は「そればかりじゃないだろう」と言いたいところがあります。家族生活の理想形態ということを普通考えてみれば、好きな人と結婚して子どもを生んで楽しい幸福な生活を送るというイメージがあります。しかし、そういう一見、死ということと関わり合いのないところに家族生活の実質がある場合でも、考え方によっては、家族の最終的な使命を担うに値する関係をつくっていく一つの準備過程であるという見方もできるわけです。

まるで死ぬために生きているると言っているみたいな暗さを感じさせるかもしれませんが、そういう暗い明るいの問題ではなく、一種の論理的な徹底性、原理的な徹底性を考えておく必要があると思うのです。

表面に死の影などを落としていないような若々しい夫婦や家族であっても、幸福に暮らして緊密な家族の関係というものをつくっていくことそのことが、やがてやってくるその中の一員の死というものを、きちんと人間的な死にしてやるための準備をやっている活動なのだと見なすことができるということです。そういうふうに考えると、ヘーゲルが言っていることは、非常に根源的なことを言っているし、かなり強烈なことを言っているわけです。

結局、人間というものは家族の中で互いに自分たちが緩慢に死んでいくプロセスを日々看取りながら生きていると言えるのではないかということです。死のほうからの視線ということで強引に引きつけると、どうしてもそういうことになるわけです。ただ、実際に本当に看取るというような過程に入り込んでいった場合には、看取られるほうも看取るほうも人間の酷薄な冷酷な姿とか、見苦しいエゴイズムなどをさらすことがあるわけで、そういうプロセスというものを具体的に踏み込んで見てみなければならないわけです。

家族生活における死の過程1

そのために次に、「家族の中での死んでいく過程」に注目しておこうということで、カフカの有名な短編小説『変身』を追いかけてみたいと思います。読んでない方のために若干、粗筋を話しておきます。

> ある朝、グレゴール・ザムザがなにかむな騒ぎのする夢からさめると、ベッドのなかの自分が一匹のばかでかい毒虫に変ってしまっているのに気がついた。

こういうたいへん有名な一句で始まる短編小説です。このグレゴール・ザムザというのはある店に雇われているしがない勤め人で、一家の生計を支えています。多分、三十歳前後の青年です。年老いた父親と母親と妹の四人暮らしです。しかし、自分が一匹のばかでかい毒虫に変わってしまったわけだから、今後はもちろん勤めに行くことはできません。この変わってしまった朝から勤めに行くことができないばかりか、ベッドの上から起きあがることもできない、ドアを開けることもできないわけです。

大きな膨れ上がった腹の横側から何本も醜い足が出ています。この毒虫は、ゴキブリとかかぶと虫とかいろいろと説がありますが、要するに甲虫です。あるいは、多足類の化け物みたいなものかもしれませんが、とにかく足がいっぱい生えていて、勝手な動きをしているわけです。これはたいへんだということなのですが、「グレゴール、時間よ。起きなさい」とお母さんが呼ぶのですが、起きてこない。変だなと周りの人間が気づきはじめます。返事をさせると、もう人間の声ではないわけです。そこで、家族の中に、「これは何か異変が起きた。たいへんなことになった」というような不安が広がります。

やがて店の支配人がどうしたのかと思って訪ねてきます。グレゴールはたいへんな無理をして自分でドアを開け、支配人の前に姿を現します。支配人はその姿をひと目見たとたん、びっくりして逃げ帰ってしまいます。これで職は終わりで、クビになったのと同じことです。

家族も「いったい、どうしたことか」と気持ち悪がってはいるのだけど、妹だけは兄思いですからこれは一生懸命世話をしなければいけないのだと考えます。やはり、この妹もかなり気丈で、純粋で潔癖な乙女ですから、食事をやったりしてなんとか毎日を過ごしています。ある時母と妹が相談して、グレゴールが部屋の中を自由に這いまわれるように、部屋の家具を運び出してしまおうと決めます。ところが途中で迷いが出てもたついているうちに、お母さんが壁にへばりついたグレゴールの醜い姿を見てしまって卒倒してしまいます。その拍子に、開いたドアのところからのそのそグレゴールが出ていくと、そこにかつては厄介者だった父親が帰ってきます。グレゴールがそれまではきちんとまともな職について仕事をしていたので、父親は楽隠居の身で、生きる気力をなくしてボケ老人みたいになっていたのですが、息子が変なことになってしまったので、もう一度、職に復帰して、銀行の小使さんかなんかのぱりっとした制服を着てちょうど家に帰ってきました。だらしなかった父親が結構、毅然として、父親復活をします。そこでグレゴールのあさましい姿を見て、思わずリンゴをバーンと父親が投げつける。それが見事に背中に命中します。固いリンゴが背中に食い込んでグレゴールは大怪我をします。それがきっかけとなって、だんだんグレゴールは体力が衰えていって、もう絶対に部屋の外へ出ていってはいけないということになって静かに逼塞《ひっそく》しているわけです。

家計が苦しいものですから、この家で下宿人をおこうという考えをみんなが持つようになります。こんな怪物がいるのによく下宿人なんか思いつくと思うのですが、それはおとぎ話ですから仕方がありません。そして、三人の気取り屋の田舎紳士が住むことになりますが、その下宿人が入ってくることによって、それまでの陰うつな家族関係に少し変化が起きます。つまり、わずかながら社会の風が入るほうに向いてくるわけです。妹はバイオリンが弾けますので、バイオリンの学校にきちんと通わせてやりたいとグレゴールは前々から思っていました。「妹の才能をわかってやるのはおれだけだ」と思っていたのですが、下宿人が入ってきたことによって家族の気分が少しそちらの方に向いて、妹も兄から少し気持ちが離れて、バイオリンを下宿人に聞こえよがしに台所かなんかで練習してみせるわけです。下宿人は田舎紳士で音楽なんかろくにわからないのですが、「お嬢さん、バイオリンをやるんですか。ひとつ、われわれの前で弾いて下さい」とお愛想を言うものですから、ささやかな晴れ舞台に妹が立つことになります。妹が弾いている美しいバイオリン曲の値打ちがわかるのは兄だけですから、兄はそれを聞いていてすっかりいい気分になってしまいます。

そして、本当は部屋の外に出ていってはいけないという戒めを自分に厳しくおいていたにもかかわらず、自分がそういう醜い虫であることを忘れて、ついドアの隙間からのこのこみんなの前に出ていってしまいます。それですったもんだになります。せっかく妹が醜い兄を中心とした家族の暗い雰囲気から逃れて、音楽を外の他人に聞かせて、少しずつ外の世界に伸びて行こうと考えていた矢先に兄がそれをぶち壊しにしたということで、とうとう妹はキレてしまいます。本当は兄の気持ちをいちばんわかっているのは妹だったはずなのに、いちばんラジカルに「あんなのを兄さんと思うからいけないのよ」と言い放って、バタンとドアを閉めて完全に錠を下ろしてしまって食事もあげないようにしてしまいます。結局、グレゴールはこれがきっかけで死んでしまうわけです。

朝やってきた手伝いの婆さんがその死を知らせて、死体を勝手に片づけます。やがてしだいに家族の気分も晴れてきて、今日一日は休養と散策にあてようということになり、下宿人にも立ちのいてもらい、三人揃ってピクニックに出かけます。これからの生活のことを考えてみますと、結構、思ったよりも暮らし向きは楽なのではないかという希望が見えてきます。長い痛苦から解放されて妹が若い肉体をのびやかに動かすと、夫婦がそれを、これからの夢を保証してくれるもののように思うというところで、この作品は終っています。

家族生活における死の過程2

「家族生活というのは愛情である」とよく言われます。もちろん、そういう側面もありますが、この作品は、それとは裏腹に、いったん事が起きるやいなやお互いの醜いエゴイズムがまる出しになる酷薄な人間関係を実によく描いた作品であります。私は今、この作品を「家族との関係の話」に引きつけて話したのですが、この作品の特徴として、普通はあまりそういう性格は指摘されておりません。つまり、家族との関係を描いたものだというようにはあまり言われません。それは、この作品が、いわゆる知識人好みのルートから入ってきて、「この作品は自己疎外に苦しむ現代人の実存を扱ったものだ」という紹介のされ方をしたことが原因ではないかという気がします。

しかしよく読んでみると、「自己疎外に苦しむ現代人の実存」などという位置づけは、いささか見当外れだということがわかります。プロットといい、筋の展開といい、これは一種の「家族小説」なのです。家族小説という言葉があるかどうかわかりませんが、家族の中での個人の変質過程、あるいは個人の変質を背負い込んでしまった家族の心の揺れ動きが扱われているわけです。変身とは端的に言えば死のメタファーなのですが、そういう死のメタファーが、家族という複数の人間関係の間でどのような波及力を展開させていくかというのが、この小説で実際に一番力を注いで描かれていることなのです。

つまり、家族の中にこれから死んでいかなくてはならない人間が現れた。そういうときに家族関係というのはどのように変わっていくかということが、日常些末事を延々とリアルに書くことを通して追求されている小説であるという読み方ができるということです。まだ読んでいない方は簡単ですから、ぜひお読み下さい。既に読んだ方も、多分、私のような読み方をした人はあまりいないという気がするので、そういうことを念頭において、「これは家族小説である」という前提でもう一度読んでいただくと、結構、おもしろいと思います。

『変身』における死の意味

もう少し分け入って、この小説の特色を考えてみましょう。冒頭の一句でおわかりのように、グレゴールがなぜ変身したのか、しかもとてつもなく変なものに変身してしまったのか、これはまったく理由がないわけです。なにか内面的なものが外に表れてそうなったとか、いっさいそういうことは書いてないわけです。ある日、突然なったわけです。世の中にいろいろな変身物語というのはあると思うのですが、日本で有名なのは『夕鶴』とか、国語の教材でよく使われる中島敦の『山月記』があります。これなども典型的な変身譚だと思うのですが、そういう作品と比較してみると、その点が非常に違っているということです。

例えば、中島敦の『山月記』の場合には虎に変身します。主人公は深山の奥に入って、つまり人間の世界から遠く離れて隠居して、詩にうつつを抜かします。初めは官吏の道を歩もうとするのですが、そういう俗世間の道にどうしても馴染めなくて、詩人になりたいという芸術的野望が鬱勃として起こってきて、生活も忘れて詩の中に入れ込みます。その内面的な深く入っていく道筋が、やがて虎に変身してしまうということと必然的につながっているわけです。したがって、自分がどうして虎みたいなあさましい姿になったのかということは、自分で十分にわかっているわけです。それは自分のせいなのです。友達が訪ねて来たときに、自分のあさましい姿をさらしながら、「こんなふうになってしまった」と慟哭するわけです。そこには、俗世間の規範とかルールとか生活といったものにどうしても入っていけない芸術家魂を持ってしまった人間の悲劇、そういうロマンチシズムが感じられます。つまり、虎への変身そのものがロマンチシズムの精神を描いた作品であるということで、そこには、そういう文学的な感性を持った人間にとっては自分のことを言ってくれているような、一種の自己神話化の感覚をもたらしてくれる物語になっていると思います。

ところが、この『変身』の場合はそうではなくて、まったく関係のないものにいきなりなってしまいます。これは死の喩としてたいへん優れているわけです。自分は人前にさらせないような醜い姿になっているにもかかわらず、内面では自分を人間だと思い込めるということです。つまり、外面と自分の内面、外面である毒虫の姿と内面の中にある自分の人間は直接の関係がないというふうに本人が思い込んでいられる。いちばん最初に、いきなり理由もなく毒虫になってしまったということが、そういうあり様をしていることの伏線になっています。このことは、人間が死の過程に突然入り込んでしまうということ、突然、自分が死病だと知らされるとか、自分が知らなくても家族に「実はお父さんは癌だ」と知らされるということの、一種のたとえになっていると思います。

この作品は、変身した朝からこの人の死ははじまったというように考えたほうがいいと思います。変身したことは死の始まりだなんてことはどこにも言っていませんが、私はそう思います。そして、これは数カ月経っていると思いますが、死ぬまでに非常に緩慢な死の過程をたどるわけです。さまざまな事件がありながら、だんだん死んでいくという過程をたどっているという特色があります。

それから、下宿人の前でのバイオリンの話をしたのですが、これはグレゴールの致命的な思い違いをあらわしています。妹がバイオリンを弾いているのは自分との兄妹愛の関係、エロスの関係を証明してくれるのだという思い違いをグレゴールはします。本当はそうではなかったわけです。妹のバイオリン演奏というのはむしろ、兄との関係とを断ち切るためとまでは言いませんが、若い身空で、兄といってもただの兄ならいいのですが、化け物に変身してしまった兄の面倒を見るのに一生を費やしたらたいへんですから、もっと外の広い世界に気持ちを移していく一つのきっかけがバイオリン演奏だったわけです。そのことにグレゴールは気づかなかったわけです。妹が心変わりをしてしまったことを表すのが、下宿人に対して弾いてみせたバイオリン演奏だったのに、そのことを兄はわからずにのこのこ出てきてしまった。そこではじめて、これまで要になっていた兄妹関係のエロスというものが、決定的に解体します。バーンとひっくりかえるわけです。そのことを通して、ようやくグレゴールは「自分はもう人間とは呼べないんだ」ということに気づくというふうに話が運ばれていると思います。

先ほど、妹は非常に気丈な性格で、「私のお兄さんなんだから、私が世話をする」と自分で決めて、けっして親に世話をさせなかったといいました。自分で一生懸命食事を運んだり、掃除も、お母さんに見せないように、勇敢にも自分で入って行って掃除をするわけです。しかし、そういう潔癖な性格がいったんひっくり返ると、家族の一員のグレゴールに、いちばん残酷な仕打ちになってはね返ってくるわけです。

そのときの妹のせりふです。

> あれがグレゴールだなんて考えだけはきれいさっぱりとすてなくちゃだめ。私たちがながいことそう信じてきたっていう、そのことがそもそも私たちの不幸なのよ。だって、どうしていったいあれがグレゴールだっていうの。あれがグレゴールだったら、もうとっくの昔に、こんなけだものと人間との共同生活なんか不可能だとみこして、さっさと自分から出ていっちまってるわ。

これはお父さんに言っています。お父さんは困り果てて、「じゃあ、どうしたらいいと言うんだね」と聞きます。しかし、人間的な意識を保っているグレゴールには、この妹の言っている意味はきちんとわかるわけです。そこで初めて、「そうだったのか」と思うわけです。その地点からグレゴールの身体は急速に衰えていって、そして静かな死を迎えることになります。

実は、このことがあるまで、最後の最後までグレゴールは自分を人間だと思っています。これがこの作品のおもしろいところです。そのことを表す滑稽な場面がいくつかありますが、それを一つ挙げてみます。これはごくはじめのほうで、最初の朝です。まだ、店の支配人は来ていなくて、「どうしたの、お兄ちゃん」みたいに、家族の人間からおかしいと気づかれて、ドアをドンドンとやられているときだと思います。とにかく起きることができないのですが、こういうふうに書いてあります。

グレゴールがすでに半ばベッドからのりだしたとき、今度の方法は、骨をおるよりもむしろ遊びみたいなもので、ただぐいぐいと少しずつ面白半分にからだを揺りうごかしさえすればよかった――ふいっと彼は、だれかが手をかしにきてくれれば万事簡単にすむことに気がついた。力のあるものが二人――父親と女中のことを考えた――で大丈夫なのだ。丸くせりあがった背中の下に二人が腕をちょっと差しこんで皮をむくように彼をベッドからはぎとり、このお荷物をもったまま下へかがみこみさえすればよいのだ。ただそのとき、彼が床の上で完全に寝がえりを打ってしまうのをほんのちょっと辛抱して気をつけてくれなければこまる。つまり、そこで、たくさんの小さな足に意味をもたせるようにしたいところなのだ。ところで、いま、ドアの錠がみなかかっていることはぬきにして、おれは本気で助けをもとめるべきだろうか、こう考えると、彼は、何もかも八方塞がりのくせに、おのずと微笑のうかぶのをおさえきれなかった。

別にそんなに笑わせるような文章ではないのですが、よく考えてみるとこれはおかしいのです。私はおかしいと思うのですが、自然に考えれば父親と女中が入って来てグレゴールだなんて認めるわけがないわけです。これはグレゴールだから、ちょっと背中の下に腕を差しこんでくれさえすればいいとか、「完全に寝がえりを打ってしまうのをほんのちょっと辛抱して気をつけてくれなければこまる」とか、「たくさんの小さな足に意味をもたせるようにしたい」と言ってみたり、「何もかも八方塞がりだ」というのはわかっているくせに、「本気で助けをもとめるべきだろうか」というようなことを、すごく呑気な感じで言っています。そして、「おのずと微笑がうかぶのをおさえきれなかった」と、悠長なことを言っています。そんな同じ人間どうしの共通感覚を、化物に変身してしまったグレゴールを見て、お父さんや女中さんが抱くはずがない。事実、彼の上司は変わり果てた彼の姿を一目見るなり腰を抜かして逃げ帰ってしまうし、お母さんだって卒倒しちゃったわけですからね。ところがグレゴールは、自分の変身がそういうとんでもない事態なのだということに少しも気づいていないのですね。

つまり、これは身体がまったく人間とはいえないようなものに変わっても、ちょっとお腹におできができて変だなとか、今日は気分がだるくておかしいなと思うのと同じような感じなのです。お腹におできができたり、気分がだるくておかしいなと思ったりする場合に、おかしいなと思っている自分は、あくまで完全な人間的な意識を持った者としての人間なわけです。これはそれと同じようなことになっています。そこが、死に向かって緩慢な過程を歩んで行く人間というものの、ある意味ではあさましいと言ったらいいのでしょうか、そういうところにはまり込んだ人間特有の「ずれ」といいましょうか、そういうものを非常によく表していると思います。

これを、いわば家庭介護とか老人の介護、死の看取りというような場面に当てはめて、引き移して考えてみるとよくわかると思います。たとえばそういう家庭介護や死の看取りなどのたいへんさがよく言われるわけです。これは当然のことですが、家庭介護というのはたいへんな労力であるから福祉を充実させて社会がもっと手助けしなくてはいけないとか、逆に、病院死の冷たさということが言われて、温かい家庭の中で看取られるのがいちばん幸せだということを言う人もいて、両者矛盾した議論があると思います。けれども、そういう議論は、どちらも家庭での介護や看取りのたいへんだということの本当の意味を言い落としている部分があるのではないかと思うわけです。

それは二つあると思います。一つは、妹とグレゴールの関係は割合にエロスのいい関係が続いてきたわけですが、突然、変節してしまいます。あるいは、父親とグレゴールには、実際のカフカとそのお父さんの関係が投影されているのですが、父は息子にとって抑圧者であるという関係です。ヨーロッパの家庭ではそういうエディプス的な関係が強いのです。一人の人間がこういうふうに死の過程を家族の中で歩みはじめたときに、そういう家族関係の確執とかエロス的な葛藤というものが具体的に露出してくるということです。つまり、これまで積み重ねてきたさまざまな確執のようなものが、健康な間はなんとか隠してきたけれども、隠すことができなくなってはっきりと、ちょうど骨が表れるように出てくる。そういうことのたいへんさこそは、家庭介護などにつきまとう本当のたいへんさではないかと思います。ですから、温かい家族が看取ってやってということができればそれに越したことはないのですが、場合によっては、家族が見守るよりは他人が看たほうがビジネスライクで後腐れがなくていいということがあり得ると思います。

もう一つは、グレゴールの意識のあり方によく表れているように、しっかりしているつもりでも、その「しっかり」そのものがずれて表れる場合があります。一つは精神と肉体のギャップです。精神と肉体が均等に老いて、だんだん「しっかり」の状態から両方とも同じカーブを描いて、介護や庇護を必要とする状態にまでなだらかに老いていくのであればいいのだけれども、実際はなかなかそういうふうには進みません。ある部分では、極端に人間である。ところが、ある部分では極端に虫である。

そういうことがあり得るのが人間のしょうがないところです。精神的にしっかりしているといっても、いい意味の「しっかり」と悪い意味の「しっかり」とがあります。妙にしっかりしていて困るということがあると思います。妙に鋭敏になって、ろくなことを考えない。人格が健康なときであればなんとかカモフラージュしていられる部分、誰でも持っている人間性の負の部分が際立って出てくるということがあると思います。それは、ボケということではなくて、かえってしっかりしているために、介護者と被介護者との間の感情の確執やなんかがよけい露出してぎすぎすしてくることがあるということです。そういうように、それまでの家族関係の確執が出やすいということと、個人の精神と肉体の不均衡な表れ方、統一のとれないいずれの状態が出てくるということをこの作品はとてもよく教えていると思います。

以上、今回はヘーゲルとカフカを素材に、死と家族の関係を見てきたわけですが、要するに言えることは、人間の死というのは、生物個体の解体としてだけその意味をまっとうさせるのではなくて、良きにつけ悪しきにつけ、身近なエロス的他者のなかに、一人の死の意味を共同的な事件として波及させていくものだということですね。ヘーゲルは他者が現れるところに〈人倫〉の関係を見たわけですが、家族のような特別のエロス的他者の関係においては、それが血縁の死にどう向き合うかという極限的な場面に凝縮されて立ち現れるために、そこにおいて一人ひとりの態度が試されることになるわけです。具体的な看取りの過程になくても、私たちは家族を普通に生きることにおいて、常に潜在的に、相互に看取り合っているともいえるわけで、そこでは、個体の死の共有化といったことが行われているような気がしてなりません。私たちは必ずしも「孤独な死を死ぬ」のではないのですね。そうさっぱりしたものではないので、一人の死の意味が共同的に引き継がれるということは、ある意味で厄介なことでもあるわけです。

共同性と死

前回は死というものが必ずしも「臨終」、「死に際」にだけ人間の前に立ちあらわれるのではなく、人間の日常性の中にすでにして常にはいりこんでいて、普段の生活の中で緩慢に死んでいく存在としての人間というかたちで私たちの中に住まっているのではないかという話をしました。今回はそのことを踏まえながら話をします。

「共同性と死」というテーマがついていますが、「共同性」という言葉を使うよりは「類」という言葉を使った方が適切かと思います。類というのは人類、あるいは種族ということです。この前のテーマは「家族と死の関係」を扱ったテーマでしたが、今回は、そういう家族を超えた、類とか人間の共同性一般というものと死とがどのような関係になっているか、そういうことについて先人がどういう見解を披瀝しているかということを中心に追っていきたいと思います。

ショーペンハウアーの死の哲学

まずヘーゲルの同時代人であり、明治、大正ぐらいに日本でかなり流行した哲学者ショーペンハウアーを取り上げてみたいと思います。「デカンショ」という言葉がありますが、これはデカルト、カント、ショーペンハウアーを短縮したものです。「デカンショ、デカンショで半年暮らす」という歌がありました。ショーペンハウアーは、ドイツ観念論哲学のヘーゲルと並んで一方の雄のように思われていた人ですが、最近ではあまり人気がありません。主著である『意志と表象としての世界』も、ドイツ文学者の西尾幹二さんが苦労して訳されて、中央公論社の『世界の名著』として八百ページぐらいの本で出ていますが、あまり読まれていないようです。

ショーペンハウアーは、ヘーゲルの「人間の歴史の中で精神が自己実現していく」というもののとらえ方に対してたいへん批判的であった人です。つまり、理性的な精神が人間の関係や歴史などの現象界の中で客観的なものとして実現していくというとらえ方に対して真っ向から反対で、彼は「理性」に対して「生きんとする意志」を対置したのです。彼はヘーゲルを「えせ哲学だ」と決めつけました。三十歳ぐらいでベルリン大学で先生に雇ってもらおうと論文を提出して試験講義をやったとき、その審査員の中にヘーゲルその人がいたわけですが、審査員の先生であるヘーゲルを前にしてヘーゲル批判をやってしまいました。しかし、落とされはしないで、一応、それなりに認めてもらえて講師になったのですが、カリキュラムを組んだときに、当時人気の絶頂を極めていたヘーゲルの講義時間に全部合わせるかたちで自分の講義時間を組んだという話は有名です。どちらに学生が集まるかということを自己実験したわけですが、蓋を開けてみたら、ヘーゲルのほうにばかりに学生が集まって、自分のところにはほとんど来なかったという話があります。

つまり、そういうアンチ・ヘーゲルという意識をものすごく持っていて、当時のヘーゲル哲学の流行に対して一生涯、反抗心と苦々しい思いを抱きつづけた人です。そのような経緯もあって、ショーペンハウアーという人はたいへん悲観的な哲学、ペシミズムの哲学というようにとらえられているところがあります。それは根拠がないわけではありません。けれども、今日、ご紹介する「死について」の部分は、いったいどこが悲観主義なのかと思うような、たいへん現実主義的なところがうかがえます。ショーペンハウアーが悲観主義哲学だというように一面的にとらえられてしまったのは、この『意志と表象としての世界』の特に最後の方で、「意志の否定」について書いてあることによると思います。

ショーペンハウアーは、ほとんど一生涯この本ばかり書いていました。三十歳ぐらいのときにほとんど原型が出来上がっていて、残りの何十年間かはこれの注釈と増補ということに明け暮れたのですが、この『意志と表象としての世界』の中に、「やはり現実世界というのは、意志が客観化するときにどうしても苦悩というかたちをとる」と書いているのと、もう一点、彼は仏教的な考え方にかなり傾倒していって、「そういう苦悩のかたちをとる現象界から離脱して意志を否定するということがいちばんいい道である。意志を否定して解脱の境地に至るには、そういう世界を意志が動かしているということを正しく認識することによってしか、できない」というようなことを最後のほうで言っています。こうしたことがショーペンハウアーを悲観主義の哲学であると思わせている部分だと思います。

これらの部分をもって彼の哲学を悲観主義であると捉える根拠にするのはいちがいに間違いとは言えないのですが、この本をずっと読み通していくと、ショーペンハウアー自身、矛盾しているところがあります。最後のところで、「意志の否定」と言っているのですが、この本の頁数の大半を費やしている部分は、意志の否定というよりは、むしろどちらかといえば「意志の肯定」、世界意志、生命意志の肯定というトーンで書かれている部分の方が圧倒的に多く、最後のほうになって突然、意志を否定することがいいのだという調子になってくるわけです。訳者の西尾幹二さんが、これはおかしいと指摘なさっていますが、僕も確かにそうだと思います。

こういう前置きを言ったのは、ショーペンハウアーはペシミズムの哲学で、世界を苦悩ととらえて、「早くそこから逃げ出してしまえ」と言っているというように漠然と思われていた方がいるのではないかと思いますので、必ずしもそうではないのだということを認識してほしいという意味で言ったわけです。

さてそこで、かんじんの死にかかわる記述ですが、彼は、ここに抜粋してきたようなことを言っています。

> 全自然は生きんとする意志の現象であり……

意志というのは、かたちもなく、盲目的なものです。時間とか空間とか因果律、因果法則といった、いわゆるこの世でわれわれがはめ込まれている法則性や、われわれが存在するためのさまざまな形式に従わないわけです。ショーペンハウアーの考える意志というのは、そういう形のないものであって、カントの言う「物自体」とだいたい同じです。われわれは決してそれ自体を認識することはできないわけです。もっと淵源をたどりますと、プラトンの「イデア」にさかのぼります。イデアと意志というのとではだいぶニュアンスが違ってはくると思いますが、こういう考え方は、プラトンのイデアリズムの流れの枠内だと思います。

> 全自然というこの現象の形式は、時間、空間、因果性であるが、

これは、われわれが知っている可視的なこの世界のかたちです。それは時間と空間と因果律によっ

て形式を得ているということで、これはカントとまったく同じです。

いったんはこれを介して個体化がおこなわれるのであり、この個体化ということの必然の結果として個体は生じたり滅したりせざるを得ない。しかしながら、個体は生きんとする意志の現象の、いわばほんの一つの標本ないし見本にすぎないものなのであって、個体の生滅に対しては、生きんとする意志はなんら痛痒を覚えないものなのである。一個人が死んだからといって自然全体がいっこう傷つけられないのと同様である。なぜなら自然にとっては個体などはどうでもいいもので、自然にとり肝要であるのは種族にすぎないからである。

つまり、われわれは個人が死ぬとか生きるとかということで大騒ぎしているけど、もっと大きなものの流れ、そういうものの中では一人ひとりが死ぬなんてことはなんでもないことなんだというように、たいへん高いところから人間というものを突き放して見る見方がまずあるわけです。その次は、思わず笑ってしまいます。

われわれは排泄分泌をおこなうたびに、放出された物質のことを嘆き悲しむこともなしに、自分の形をたもつことで平生に満足しているのだけれども、もしそうだとすれば同じようにわれわれは死についても、毎日刻々に、個別的に排泄分泌に際しておこなわれていることと同じことがより高い次元で、全体的におこなわれるのだという考えに立つべきである。われわれが排泄分泌の場合に平気でいられるのだとしたら、死の場合にしても恐れおののく理由はなにもないだろう。

哲学者一流のへ理屈のようなにおいが漂ってきます。これの前に、栄養摂取と生殖とのアナロジーがあります。生殖とは栄養摂取のより高い次元で行われる営みであって、死のほうは、排泄分泌のより高い次元での営みだということです。言いかえると、個体の生理的過程としての栄養摂取と排泄分泌のサイクルの、一段高い次元でのプロセスが、個体の生成と消滅のサイクルだということになります。

意志にとっては意志みずからの現象である生ほど確実なものはないのだし、

ショーペンハウアーの意志の場合には盲目的ではあるのですが「生きんとする意志」なのです。余談になりますが、これに、力というアクセントを加えて考えたのがニーチェだということになります。絶えず自己膨張的な、権力をわがものとしていくという、そういう意志です。ですから、イメージはニーチェとショーペンハウアーとは違わないのですが、ショーペンハウアーの場合には、最終的にこの意志を否定することが幸福につながるのだ、救済なのだという言い方に強引に持っていってしまうところがあり、それがおそらくニーチェの気に入らなかったところだと思います。ショーペンハウアーとの訣別というのは、多分そこにあったのだろうと思います。

> それと同じように、現実の生の唯一の形式である現在ほどに確実なものもまたないのである。そういうわけだからわれわれとしては生まれる前の過去のことや、死んでから後の未来のことをさぐってみる必要はないことになろう。むしろ認識しなければならないのは、意志が現象するときの唯一の形式としての現在だけなのである。現在は意志から逃れ出ることはできないし、意志もまたけっして現在から逃げ去ることはできない。だからもしも現にあるがままの生に満足し、それをあらゆる仕方で肯定しているような人がいるならば、彼は確信をもって自分の生を無限なものとみなして、死の恐怖を錯覚なりとして追い払うことができるであろう。死の恐怖という錯覚は、ひょっとしたら自分はいつか現在を喪失することになるかもしれぬといったような、いわれのない恐怖を人間にたきつけ、現在というものを含まぬ時間があたかもあるかのように見せかける錯覚にほかならないのである。

確実なものは現在だけなのだから死の恐怖は「錯覚」であると言っています。ここらあたりはエピクロスとよく似ていますね。これは多分いろいろと異論があるところだと思いますが、もう少し見てみましょう。

自然の足どりは確かであって、自然はその足どりを隠しはしない。……動物は死滅するのを恐れることなく生きて、自分は自然それ自身であり自然のように不滅なのだという意識に支えられているので、なんの心配もなく生きるのである。

確かにそういう言い方はできると思います。動物はあまり「おれはいつ死ぬかな」などと考えているようには見えない。そういう話をどこかでしたことがあるのですが、「証拠がないじゃないですか」という反論がありました。犬や猫の身になってみないとわかりませんから、確かに証拠はありません。ただ人間の側から犬の生き方、猫の生き方、あるいはライオンでも何でもいいですけど、そういうものを観察している限りでは、自分の有限な運命というものに気づいているらしくは思えません。自分に死が近づいてきたときに、例えば象が自分で墓場を求めるというような話もありますが、人間が過剰に感情移入して作ったおとぎ話のように思われます。仮に、そのようなことがあるとして、死が近づいてきたときの自覚のようなものは、彼らにも不完全なものとしてはあるかもわかりません。しかし、どんな元気なときにも自分がいつか死ぬということを確実に把握している動物が人間の他に存在しているようには思えません。

ひとり人間のみが死の確実さを抽象的な概念においてあちこち持ち回っている。ところがはなはだ不思議なことだが、この死の確実さはなにかの機会があって時折まざまざと思いうかべるようなときにしか人間に不安を抱かせることはない。……人間においてもまた、自分は自然そのものなのだ、世界そのものなのだ、というかの最内奥の意識から生まれてくる安心感が平生は持続的な状態としては優位を占めているのである。

これも確かにそうです。日常、明日死ぬのではないかという死の不安にさいなまれて、平静な心で行動もできないようでは、不安神経症ということになります。死ぬということを抽象的なかたちでは知っていながら、まさか明日死ぬとは思っていません。例えば、癌告知のようなことがない限りは、どんなに年をとっても、けっこう平気で毎日を生きていますね。残りの命数が少なくなってくると、この世に対して未練がなくなる枯れた心境になって「いつお迎えが来てもいいや」というようなことは言いますが、逆に、そうであればこそますます「安心立命」している人もいますから、ある安定した境地というものをほとんどの人は持っているということで、実際に、いつ死がやってくるのか不安で不安でどうにもならないということはあまりありません。

後にハイデガーについて詳しくのべますが、この普段はけっこう平気で生きている状態をハイデガーの場合、「ダス・マン（ひと）」と呼ばれる位相の一つの特徴だと考えます。つまり、死の本来性から非本来性の状態に移っている「頽落」の状態とハイデガーは考えるわけです。これに対して、ショーペンハウアーは、これ自体を自分もまた自然の中の存在で自然それ自身なのだ、そして、自然のように不滅なのだ、自然の中に安らっている状態で、どちらかというとこれはいい状態で安定していられる状態なのだとしています。つまり、人間というのは、抽象的な意識の上では死の確実性についての知を持っているかもしれないけれども、普段の意識の中ではそんなことはなくて、持続的な状態としては安心感の中にいる。それはいいことなのだと言っていると思います。

> 誰しもが自分の死の確かさについては本当に切実な実感を抱いていない。いうまでもなく誰でも抽象的・理論的には死の確かさを認めているのではあるが、しかし誰もがこれを考えないようにして、けっして自分の切実な意識のなかに受け入れようとはしないのである。

ハイデガーの場合にはこの状態をこそ「頽落」というふうに呼んで、非本来的なあり方と考えるのですが、ショーペンハウアーの場合は、これはむしろ自然に近い状態、人間の肯定すべき自然性、生きんとする意志に忠実なあり方ということになるわけです。

> われわれが死において恐怖しているのは、じつは死によってごまかしようもなく示される個体の滅亡なのである。個体がおのれの全本質をあげて死に抵抗するのは、個体というものがそもそも生きんとする意志そのものの個別的な客観化にほかならないからである。

そういうことを知ったからといって、死の恐怖がなくなるわけではないと思うのですが、とにかく死を全客観界、あるいは全世界、あるいはその世界を動かしている根源的な意志というもののほうから見渡す。そうすることによって、個体の死というものを相対化してしまって、軽いものと見なそうということなのでしょう。そういう文脈になっていると思います。

死＝生きんとする意志

ショーペンハウアーの考え方の軸をもう一回整理してみますと、要するに、世界の本質というのは意志であるということです。その意志が客観化したものが表象としての世界です。表象というのは表れで、要するに、現象界であるということになります。そして、それはいろいろなかたちで客観化するのですが、その客観化するときの形式が、カントがあげた「時間」と「空間」と「因果律」なのです。そのかたちを型どって意志が客観化し、それによって現象界が成立するわけです。さらに、世界の現象界はいくつかの段階、無機物の世界と有機物の世界に分かれます。そして、同じ有機物の世界でも植物界、動物界、人間界というような段階的な区別というものが考えられます。そういうそれぞれの段階に個別化していって、特に個体的な客観化の度合いが最も高度に表れたものが人間界だということになると思います。それは、人間の個体の世界です。ショーペンハウアーが実際にそう言ってるかどうかわかりませんが、人間の個体の世界は、具体的には人間の生理とか心理の世界だというように考えればいいと思います。

死というのは部分的に個別化して、個別的に客観化されたものであるところの個体の世界で起こる事象なのだということです。つまり、ショーペンハウアーのとらえ方によると、人間個体の生理とか心理のレベルで起こることであり、個体の死は、生殖と同じプロセスの中の一事象だととらえています。生殖と死がまったく同じ現象だと言っているわけではありませんが、バランスをとって、二つの軸だという言い方をしています。個体の死は生殖と同じく、全自然の生きんとする意志の一つの表れである。死というのは意志の否定ではなくて、むしろ種が種全体として生き延びようとする意志の一つの表れなのであるとしています。この場合の「生きんとする意志」というのは、個体の生の意志ではなく、ちょっとレベルが高いわけです。レベルが高くて超個体的であるから、逆に、それは個体にとっては死であるということになるわけです。

つまり、自然がそれを欲するのだということです。この場合、具体的には「種族」とか「類」ということです。個体はまさに「類」が生き延びるために死ぬわけです。したがって、個体が滅んでも、全自然の意志は不滅であるということになります。これは、ほとんど、「神は不滅である」というのを、ただ言い換えているだけだと思います。ショーペンハウアーはもっと前の哲学者だったら「神」というべきところを、「全自然の意志」と言い換えたことになります。

カントはほぼ同じことを「物自体」と言い換えました。ヨーロッパの場合はキリスト教的な絶対神への信仰がだんだん時代が下るにしたがって、揺らいできました。その隙間を哲学的な言語、あるいは認識方法によっていかにして埋めていくかというのが、多分、近世から近代ヨーロッパの精神界の課題だったと思いますが、ショーペンハウアーの「意志」というキーワードもその中の一つに位置づけられると思います。もっと下って、フロイトの「無意識」とか「超自我」といった概念も、結果論的には絶対神の信仰がヨーロッパの中で揺らいできて、その埋め合わせのために考え出された言葉と言えるような気がします。ちなみに、フロイトは自ら打ち立てた無意識の学説とショーペンハウアーの哲学との類似を指摘しています。ですから、ショーペンハウアー、フロイトという系列が引けるのです。

また、いま引用したところの中に、独特な「時間論」が出てきたと思います。この時間論はちょっと承服しがたいというか、あまり高級に考え抜かれたものとは思えません。それはどういうことかというと、現実の生の唯一の形式は現在でしかないのだといっていることです。つまり、生は現在という形式しかとり得ないのだというわけです。突き詰めていってしまえば、過去や未来というものは人間の勝手につくり出した概念、もっと言えば妄想にすぎないということになります。彼はそうした、割合単純な、俗受けしそうな時間論をここで持ってきて、それによって死についての苦悩や恐怖などに拘泥することには意味がないのだということを論理づけようとしています。つまり、現在だけが生の唯一の形式であって、人は現在を喪失した時間というようなものを想像することすらできないのだから、未来になったら自分がどうなるかなどということを詮索するのは意味がないと言ってるわけです。

死そのものが人間の個体などを超えたより大きな意志の実現の一つのあり方であって、しかも、現実の生の形式はただ一つ現在にしかないのだとすれば、そういう二つのことを考えるならば、死の恐怖などということは個体特有の錯覚であって、そういうことを確実に認識すれば、こういう錯覚から免れられるはずだと言いたいのだと思います。しかも普段、人間というのは死を忘れて平気でいるではないかということです。

ショーペンハウアーの時間論というのはあまり高級とは思えない、考え抜かれたものとは思えないと先ほど言いましたが、「過去や未来というものは単に概念の中にしかない」というような決めつけ方は、人間の実存の仕方を非常に無視した見方だというようにしか思えないのです。人間にとって過去性とか未来性とかいうものは、現在の自分を構成するにあたって不可欠の条件をなしています。それは、過去に自分がどういう存在であったかという具体的な歴史や記憶、また、未来にどういう存在でありうるかという具体的な可能性や展望を抱え持つことによって、今の自分の生のイメージが構成されるという、ごく通俗的な意味においてもそうですが、そればかりではなく、もっと純粋に形式的な意味で、過去性(〜であったこと)と未来性(〜でありうること)とは、人間が時間的存在であるということの本質的条件をなしていると思います。私が現在ここにこうして「ある」という事実から、「私がかつて〜であった」性と「私がこれから〜でありうる」性とを抜き去ってしまうと、私はもはや人間的実存ではなくなってしまい、ただ時間直線上の一点というような、空虚な抽象的観念としての「現在」に吸収されてしまいます。ですから、過去と現在と未来を機械的に切り離して、現在だけがすべてで、過去や未来は概念の中にしかないというような決めつけ方は、時間論として粗雑にすぎ、人間の実存に適合しない見方だと思われます。

こうしたショーペンハウアーのとらえ方は、ある意味ではすごく現実主義的、あるいは自然主義的な割り切り方をしていると言ってもいいと思います。現象形式以前の意志というようなものを想定するようなところは、プラトンから発している西欧形而上学の伝統を割合に正統に踏んでいると共に、何やら東洋的アニミズムのような神秘的感触をも感じさせるのですが、死についての現実主義的、自然主義的なところは、われわれ現代日本人の無神論的リアリズムにけっこう合うようにも思えます。

全自然過程のレベル、イデアルなレベルから人間の生や死を眺めたときには確かにこうしたつきはなしたとらえ方も可能ですが、問題はその認識が、死を前にした人間の現実的な不安に対する答えにはあまりなっていないという点です。言いかえると、人間が実存として死というものを感じたり生きたりするその過程そのものに肉薄していない、触れていない気がします。その点では前に紹介したエピクロスとも共通しています。

別の言い方をすれば、死についてのそういう客観的な認識と死についてのエチカが切り離されているような気がするわけです。まず、死というのはこういうものであるという認識があります。それから、われわれの実存にとって親しい、何か死の顔立ちというのがこちらにあります。ショーペンハウアーはそこに橋をかけて、死についての客観的認識がこうなっているんだからそのことをよく知りさえすれば、あとは死のことは考えなくていいのだという式のことを言うのですが、この「だから」がつながらない、「だから」が成り立っていないという気がします。いくら、個体の死などというものは、全自然からみれば生きんとする意志のあらわれの一つにすぎないのだと聞かされたとしても、それによって、固有の死を経験しなくてはならない個体の意識が少しでも心休まるわけではないでしょう。

結局、ここには死についての実存的考察というものが不在なのではないかと思うのです。つまり、「私が死ぬ」、「私の身近な他者が死ぬ」、「私の愛する〜が死ぬ」とはどういうことかという問いが不在だという気がするわけです。そういう問いに答えるためには、死が人間を超えた客観界だとか自然にとって何を意味するかということではなく、人間個体の意識にとって何であるかということが説かれなくてはなりません。近代人、あるいはポスト近代人であるわれわれとしては、そういう立場に立たざるを得ないわけです。人間個体の意識にとって死というのは何であるか、人間個体の現実の生活を内在的にどういうふうに死が規定しているのか、死というものとわれわれは日常どういうふうにつきあいつつ、そしてそのことによって、いかにして人間存在でありうるのかというような問い方をしなくてはいけないし、それに答えていなければ、こういう哲学は、「しょせんは認識のお遊びだ」と言われても仕方がないのではないかと思います。

バタイユの死の考察

いま言ったような課題に真正面から取り組もうとして独創的な哲学を打ち立てたのは、なんといってもやはりハイデガーだと思いますが、ハイデガーについては、次回に特別に扱いたいと思います。ここではもう一人、ジョルジュ・バタイユという人の考えを検討してみたいと思います。

バタイユという人は、私自身はかなり大きな人だと思っています。普通考えられるほどそんなにとっつきにくい人ではなくて、たいへんまともなことを言っています。彼は『エロチシズム』という本のなかで、エロチシズムと死との関係について論じているのですが、この人のエロチシズム理論は死と切っても切り放せない理論です。

バタイユは、「非連続と連続」という二つの概念の対立で人間をまずとらえるわけです。もちろん、私たちというのは非連続な存在です。お互いの身体と身体が空間を隔てて切り離されていますし、時間を隔てても切り離されていますし、もう死んでしまった人とは会えないとか、そういう非連続の存在であると考えられます。バタイユは、その非連続な存在である私たちが、絶えず存在の連続性に対して郷愁を抱いていると考えるわけです。その郷愁を切なく追求する、連続性を実現しようとすることがエロチシズムだと彼はまず捉えます。もちろんもっとその先もあるのですが、あまり突っ込んでいくとエロチシズム論になって、死についての議論ではなくなってしまうので、それはここで止めておきますが、こう言っているわけです。

> 非連続な存在である私たちにとって、死は存在の連続性という意味をもつものであることを、ここに示しておきたいと思う。

ちょっと考えると死というのは人間の共同性を断ち切ってしまって非連続になるというふうに考えるのですが、バタイユはそうではなく、むしろ、個体として生きているわれわれの存在が非連続であると考えるわけです。以下、非常に独創的で、なるほどなと思うことを言っています。

生殖は存在の非連続ということに帰着するが、それはまた、存在の連続性のために活を入れる。つまり、生殖は死に緊密に結びついているのである。

一見、反対のことであるような生殖と死とが緊密に結びついているとバタイユは言うわけです。以下、それをもっと詳しく説明してあります。生殖には無性生殖と有性生殖があるわけですが、

無性生殖においては、……最初の生きものは死ぬけれども、その死の中に、二つの生きものの連続性の基本的な瞬間があらわれるのである。

ここで言っている無性生殖というのは細胞の分裂だと思います。核があって二つに分裂します。これが無性生殖です。分裂の瞬間、初めの個体は死ぬわけです。しかし分裂する瞬間に連続性の瞬間があるということです。そして二つに分かれてしまえば、これは明らかに互いに非連続になるのだけれども、ここに、ある連続性の瞬間がある、最初の生き物は死ぬけれども、二つの生き物の基本的な連続性の瞬間が表れるのであると言うわけです。もちろん、最初の生き物と、二つになった互いに分裂した生き物との関係も非連続になってしまいます。しかし、分裂の瞬間には連続性が表れると言って

いるわけです。確かに、その通りです。

次に有性生殖です。われわれは有性生殖を行っているわけですが、精子と卵子の合体です。

> 個々別々であった二つの存在が死に、消滅することによって、一つの新らしい存在が形成されるのだ。新らしい存在はそれ自身では非連続であるが、みずからの中に連続性への過程、二つの別個の存在のそれぞれにとって死であるところの、両者の融合という過程を含んでいるのである。

当たり前のことをどうしてこんなに難しく言うのかなという気がしないでもないですが、こういう概念化というのは必要だと思います。「新しい存在は、それ自身では非連続であるが、自らの中に連続性への過程、両者の融合という過程を含んでいるのである」というのは、精子と卵子があって、これが合体して融合します。これは互いに最初は非連続であるけれども、融合するわけですから、連続性が表れるわけです。しかし、それと同時に元の二つの生き物は死んでしまいます。ですから、二つの別個のそれぞれにとっては死であるその同じ過程が、融合という連続性の実現でもある。

バタイユは何が言いたいのかというと、無性生殖における連続から非連続への移行、有性生殖における非連続から連続への移行、その移行の中に必ず死というのは表れるのだということを言いたいのだと思うのです。つまり、生殖と死というのは同一過程の裏表である、生殖の中には死の過程が必ず含まれるのだということを言いたいのだと思います。

これは、いちばん単純なモデルで下等動物、下等生物ということになるわけですが、われわれだってそれは変わらないのだということです。しかし、特に高等動物である人間の場合には、死と連続・非連続の変化とか、死と生殖とが同時に起こるようにはなっていないわけです。個体の生命の時間が比較的長い時間保たれます。つまり、本当であったなら瞬間的に連続から非連続へとか、非連続から連続へと移って、そこに生殖の現象と死の現象が同時に起きているわけですが、高等動物の個体としての長い生命が成り立つ世界では、生殖と死の間に、比較的長い時間が入り込む、引き延ばされるということです。「でも、本質は変わらない」ということをバタイユは言いたいのだと思います。

私たちは非連続の存在であり、理解できない運命の中で孤独に死んで行く個体であるが、しかし失われた連続性への郷愁《ノスタルジー》をもっているのだ。私たちは、偶然の個体性、死ぬべき個体性に釘づけにされているという、私たち人間の置かれている立場に耐えられないのである。この死ぬべき個体の持続に不安にみちた望みをいだくと同時に、私たちは、私たちすべてをふたたび存在に結びつける、最初の連続性への強迫観念《オブセッション》をも有している。

「強迫観念」と言ったり「郷愁」と言ったりしていますが、これは同じことです。あるいは最初の連続性へ回帰しようとする回帰願望と言っても同じだと思うのですが、「生命の懐」、「母なる大地」というような文学的な言い方でもかまいません。

バタイユによれば、人間は個体と個体との間に深淵が開いている非連続の状態から、なんとか非連続を埋めて連続性に帰りたいものだという郷愁を持っている。その郷愁、胸を焦がす思いこそがエロチシズムだということなのです。したがって、それは死と対立するのではなくて、究極的には死に帰着する。エロチシズムは死に向かって開かれているのだということになってくると思います。

これは考えてみれば、コロンブスの卵のような話で、なかなか独創的な考えであり、どうもそうだなということになります。バタイユはもう少しこれを展開して、具体的に性的なエネルギーの燃焼の仕方とか、子どもを産み育てて、それによってだんだん人間が死に近づいてしまうプロセスそのものの中に、彼の「死とエロスの形而上学」の証拠を見出していこうとします。そこのところを要約してみました。まず、バタイユは、普通は有性の個体は性的なエネルギーの過剰によって直接死を強いられることはないと、断っています。

これは、性的なエネルギーの過剰、つまり性欲を過剰に持って、それを性行為によって発散させるということがあったとしても、それによってすぐ個体が死んでしまうということはないということです。しかし、コオロギやカマキリなどは、どうもそのようです。特に雄は哀れで、カマキリなどは雌に食われてしまいます。しかし、人間は生殖と性の快楽とを分離させたとよく言われております。性の快楽を飽くなく追求して、一生の間に何千人斬りなどという話もありますし、人間はいつでも発情しているというしょうもない動物です。そして、それを何回繰り返したからといってすぐに死んでしまうというものでもない。ここで言っていることはそういうことだと思うのです。しかし、性的なエネルギーの過剰が、結局は死を強制してくる。つまり、死に近づけるというか、死を目標にしている、その意味は明らかだと彼は言います。

その意味がはっきりしていることは言っておくべきだろう。私たちの想像力にとっては、最後の絶頂につづく衰弱が「小さな死」と考えられているほど、その意味ははっきりしているのである。

これは言うまでもないと思いますが、オーガズムのことを言っているわけです。日本語にはそういう含意はないかもしれませんが、フランス語では隠語みたいなことで、オーガズムのことを「小さな死」と言うのだと思います。

死はつねに、人間的には興奮の暴力につづく引潮の象徴である。といっても、死は単に、遠く離れた似たようなものによって表象されているわけではない。

現実の死、人間の死ということと、性的な絶頂であるオーガズムが「小さな死」と呼ばれるということは、性的な絶頂と死とが単に現象的に似ているだけではないということです。もっと根本的に、エロチシズムというのは死をめざしているのだということを、種の繁殖、生殖の事実で証明しようとしているわけです。

私たちは、存在の繁殖が死と互いに固く結ばれていることを決して忘れてはなるまい。生殖する者は、彼らが生み出す者の誕生よりも後にまで生き残るが、この生き延びは執行猶予にすぎない。

われわれの多くは、執行猶予を生きているわけです。これは、この前の「緩慢な死」ということと通じると思います。執行猶予期間があとわずかとかいろいろな人がいると思いますが、私なども子どもが育ってしまいましたから、執行猶予期間で生きているということです。

猶予期間は一部分、新たに生まれた者に対する援助のために有効に費されるが、この新参者の出現は、先行者の消滅の保証なのである。有性の存在の生殖は直接に死を招くものではないにせよ、長い期限つきの死を招くのだ。

これは高等動物の子育てということでしょう。新参者は子ども、先行者は親です。ヘーゲルの『精神現象学』の中にもこれに似たような記述があります。「だんだん子どもが育っていく中に、自分の本質というのを親は見ていくので、子どもが自立存在となっていくことによって親は枯れていく」という似たような記述があります。

有性の存在はそれ自身の過剰な運動に対して——一般的な興奮に対してと同様——一時的な抵抗を試みるにすぎない。

われわれが生きているというのは一時的な抵抗なのです。一般的な興奮に対してと同様に、一時的な抵抗を試みるにすぎない。

人工的な有機体によって人間の生命の延長が保証されるような世界がやってくるという考えも、わずかな猶予の先に何一つ予見させることのない、悪夢の可能性を呼び起すにすぎなかろう。結局のところ、死はそこにあるのであり、繁殖が、性の過剰が、それを求めているのである。

なかなか冷厳な認識で、私はわりと感心するのです。つまり、不老長寿などということを人間が求めても、個体の生命をある程度延長させるようなことをやったとしても、「わずかな猶予の先には何ひとつ予見させることのない悪夢の可能性を呼び起こすにすぎない」と言い切っているわけです。これは、個に対する類の冷酷な勝利とマルクスも言っていますが、そういうことを見据えた言葉だと考えられます。この考え方は、死の哲学としてはかなり完成度が高いと思います。なによりもバタイユの独創性というのは、エロスの問題を死にうまく結びつけているところです。それがショーペンハウアーと似ていると思われた方もいると思います。確かに似ているのですが、時代が下っているせいもあるでしょうが、ショーペンハウアーよりも緻密であり具体的です。ショーペンハウアーでは、生殖と死は交代で個体に訪れてくる自然の意志の表現でしたが、バタイユでは、両者が緊密に結びつけられて、生殖というエロスの活動そのものの中に、すでに個体の死の観念が深く組み込まれているのだということになります。ですから、われわれの現実の生の実感、生きている実感にかなり近いところで言っているという部分があるわけです。ショーペンハウアーのように客観主義的ではありません。

バタイユのキーワードは「性の過剰と蕩尽」ということですが、「性の過剰」をショーペンハウアーの「意志」という言葉に置き換えてみると、それほど違ったことを言っているわけではありません。ショーペンハウアーの場合には、これほど生殖と死というものを同じ過程というふうには言いませんでしたが、死という現象を生の意志の一つの表れであると考えたわけですから、やはりショーペンハウアー的なものの考え方のより緻密な展開だと言えると思います。

もう一つ興味深いのは、後期のフロイトが出した二大本能である「エロスとタナトス」という概念との関係についてです。エロスは生命の本能、タナトスは死、破壊の本能です。フロイトはそういう二大本能によって人間が成り立っているという仮説を提出したわけですが、バタイユの場合は、そういう対立する二大本能ということではなくて、むしろ一つに統一されてしまっているということが言えると思います。つまり、バタイユの場合のエロスは建設的な、単なる生命肯定的なものではなく、あるいはアポロ的なものではなく、むしろ個体破壊的、タナトスにそのままつながっていくようなものです。ニーチェに「アポロ的・ディオニソス的」という対立概念がありますが、これをここに持ってくれば、フロイトの場合のエロスとタナトスは、エロスがアポロ的であってタナトスがディオニソス的というように線が引けると思いますが、バタイユの場合にはそういう区別がもうなくなっているわけです。バタイユのエロスは、どちらかといえばディオニソス的で、破壊本能とか死の本能にそのまま直結していきます。そういう意味では、バタイユの考え方はショーペンハウアーよりもトーンがいっそうニヒリスティックになっていると思います。「死の恐怖は錯覚だ」ということは決して言わないで、「個体死というのはそういう運命だ」とただ言っているわけです。

死の自覚

そういうことで、私はバタイユを半分以上評価するのですが、全面的に従うのはしゃくにさわるから、少し違う方向から考えてみます。このバタイユの論理をそのまま突き詰めていくと、私たち一人ひとりは非連続な存在だから連続性への渇望を持つわけです。それが死に向かって開かれているのだと考えると、人が人と言葉をかわすとか肉体的に接触するとか、そういうコミュニケーション、交流をしようとすればするほど、個体としての死の運命を承認することに近づいているという論理になってしまうという気がするのです。バタイユの形而上学からすると確かにその通りで、究極原理としてはそういうことになるのですが、実際の人間の生きざまは、おそらくそういうふうに単純ではないだろうということがあると思います。

バタイユは非常にラジカルで悪魔的な人だから、こういうニヒリスティックなことを平然と言い放って、そこがいかにもカッコいいわけです。私なども多分に憧れるところがありますが、しかしちょっと待ってください、バタイユほどラジカルに考える必要があるだろうかということです。私のバタイユに対する不満はなかなかうまく言えませんが、やはり限界状況のところばかりに、ロマンチックにこだわっている気がします。それは彼がエロチシズムを定義するときに用いる「死にいたるまでの生の称揚」という言い方によくあらわれています。それから、エロチシズムというのは禁忌を侵すという要素を不可欠としているのですが、バタイユが一番重きを置いているのはそこなのです。一種の暴力によって聖なる価値、美なるものを侵犯する、そういう情熱によって個体と個体の非連続性を一気に乗り越えようとするというのがバタイユのエロス論の要だと思うのですが、そういうことが言葉どおりに実現するのは割合人間の過剰さが極限まで高まった状態においてなのです。ですから彼は記述材料を、前近代の風習や古代のカーニバル的なオルギアだとか、未開民族の性的な象徴を祭り上げる儀式だとか、そういうところに好んで見出そうとしています。だから、文化人類学的な関心や視野からすれば、バタイユのやっていることはすごく「当たり」という感じがするけれども、私たちの生きる課題の中に、このバタイユの極限的な理論をどういうふうに引っ張り込んでくるかということになると、そういうところにはこの原理はそのままでは適用できないだろうという気がするわけです。

人間の具体的なエロス生活、個人的に人と関係しあう生活を考えた場合、そこには、単なる死と直結するようなエロス活動だけがあるのではありません。まさにバタイユのいう「執行猶予期間」にこそ、人間的なエロス生活の意味が込められているのではないか。個人の生というものがこれだけ大きな比重をもって考えられるようになった私たちの時代には、もはや、長い「猶予期間」を単なる「猶予期間」であると冷厳に言い放つことは、かえって人間の生や死についてのリアリティを欠いた解釈に落ち込むと思うのです。「死にいたるまでの生の称揚というのがエロチシズムだ」というような究極の状態、激しく燃焼して燃え尽きるというようなところにばかり、われわれの生きるということのリアリティがあるのかということなのです。われわれの人と関係しあう生活は、日常の結婚生活とか子育てとか、退屈や倦怠、相手を変えることとかいろいろあるわけですが、そういう生活というのは死そのものとして告知されてはいないし、エロスの蕩尽そのものとしてわれわれは実感しているわけではありません。またたからといってエロスがないとか、稀釈化されているのだとは必ずしも言い切れないと思います。人間のエロス生活というのは、やたら過剰とか蕩尽の瀬戸際で死と激しく接しているといった劇的な過程ばかりではなくて、むしろ日常の中にかなりゆるやかな、しかも密かな構造としてエロス生活が生きられているし、しかも、そのエロス生活の中に、ちょっと見ただけではわからないかたちで、隠れた構造のようにして死というものが入り込んでいると思うわけです。

つまり、人間の生活というものはたしかに死によって規定されている。しかしそれは、絶えず死の意識を持っているとか、エロスの燃焼の中に、自己解体への突き進みを確認しているという意味合いではなくて、われわれが日常普通に人と会ったり、何かしたり、何か感じたりしている生活の仕方の中に、われわれが有限な存在であるということを自覚しているその基本認識がある作用として入り込んでいるということです。具体的にどういうかたちかということになると、たいへんに難しいことになります。この点は次回にまた展開してみたいと思います。

もう一つ言えるのは、生きている間にやってくる実際の死の自覚についてです。人間が死ぬものだという自覚は、身近な他者との別れを契機として深められると思うのですが、そうした人間の悲しい宿命的構造を知るために、人は必ずしも親しい者の死を経験しなくても十分だと私は思っています。たとえば赤ちゃんにとって、お母さんが時々見えなくなってしまうこととか、好きだった人との別れとか、そういったことも十分、人間が死すべき存在だということを自覚するきっかけになると私は考えています。親しい者との別れというようなことは死の自覚に準ずるものだと思うのですが、そういうものは、バタイユの言ってるように連続性への回帰というかたちで訪れてくるのではなくて、それとは逆の非連続であるということを知るという過程の中でやってくることが多いわけです。個体どうしの非連続性を知ることによって、人間が死すべき存在であるという自覚が深まることが実際には多いわけです。

これは、身近な他人がいなくなるとか、あるいは他人がいすぎるほどいてもその中でかえって孤独を感じるとか、そういったようなプロセスの中で、「ああ、人間というのはしょせんみんな一人なんだなあ」と感じて、そのことによっていっそう死すべき存在である自分というものを深く知るというプロセスが実際に多いと思います。それは同時に人間に特有の根源的な不安を引き受けることでもあると思います。ショーペンハウアーも、「人間だけが、死の確かな知識というものを持つのであって、動物はそんなことを思わない」と言っていたわけですが、その死の自覚を人間だけが確かなかたちとして持っているということが、また人間に固有の不安を生み出していると言えると思います。

そして、そういう非連続性に気づいて根源的な不安を抱えるということが、そのまま非連続性を超越しようとする人間意志のきっかけの意味を持っているのではないかと思います。孤独ということと共同性ということの弁証法的な関係と言ったらいいのか、非連続性をいっそう自覚することそのものが、反転して非連続を超越しようとする人間の行動のきっかけをつくる。それがいろいろな生活経験とか社会の経験などを構成していくことになる。例えば家族を作ったり、仕事の役割関係を作ったりというようにですね。そういう成り立ちで人間の共同関係は成り立っていると思うのです。つまり、死を知っているということが基底になっていて、その知っているということはみんなに共通のことで、それを深めることによって相互の非連続の状態を乗り越えようという気持ちがいっそう根づいてくるわけです。そのことによって、人間は共同関係を構成していくという仕組みになっていると思うのです。

芥川龍之介の死の認識

それでは、人間が生まれてから育っていく過程のどのあたりでそういうことが自覚されるのか。これは、ある時期からピタッということではなくて、だんだんと自覚されていくにちがいないのですが、個体の発達上どのあたりで、死の自覚とか非連続の自覚というようなことが訪れてくるだろうかということを考えてみました。決定的な証拠というほどではないのですが、子どもというのは、このへんから「人間は死ぬ存在だ」ということを自覚するらしいというような証拠がいくつかあります。

個人的な証拠を出しても説得力を持たないかもしれませんから、まず文学作品を見てみましょう。芥川龍之介の『少年』という作品は、そのことを非常によく表しています。これは芥川の作品の中ではそんなに優れたものではなくて、どうってことない作品です。自殺に近づいているころだと思うのですが、切羽詰まって幼年期や少年期の思い出を書いたもので、そんなに文学的な香りはありません。いろいろと思い出すことをアトランダムに書いたものです。その中に「死」という断章があります。自分はいつごろ死を問題にして、死はどういうものであるかをいつごろ悟ったかということが書いてあります。保吉という四歳の少年が主人公です。これは芥川自身だと考えてまず間違いないでしょう。

この「死」という話は、父親が晩酌をやっていて、「なんとかの師匠もとうとうおめでたくなったな」と言ったのです。「おめでたくなった」というのは、いまはあまり使いませんが、死んだということです。そこに保吉少年がいて、親父さんが刺身を箸でつまんでくれたので、それを可愛い口でパクッと食べて、いま父親から聞いたことに機知を働かせて、「これでその師匠と同じで僕もおめでたくなったよ」と言ったのです。おめでたいという意味を知らないで使ったものだから、まわりがドッと笑ったわけです。自分のウイットが受けたと思って喜んでいたら、親父さんから「おまえ、おめでたくなるというのは死んじゃうということだよ」と言われます。鋭敏な芥川少年である保吉はプライドが傷つけられたのでしょうけれども、それがきっかけで死というものはいったいどういうことかということを親父にしつこく質問するわけです。親父は、「死ぬというのはどういうことかというと、おまえは蟻を殺すだろう。蟻は殺すと動かなくなってしまう。あれが死ぬということだよ」と言います。

その答に保吉は全然納得しないわけです。「あれは殺されたのであって、死ぬということとは違うじゃないか」と、言い張るわけです。親父さんも最初はやさしかったけれども、業を煮やして「バカもん」みたいなことを言います。保吉少年はまた傷ついて泣き出してしまいます。それから何日間か一人で、「死とはどういうことだろうか」というのを一生懸命小さい頭で考えるわけです。以上のようなことが前段階に書かれています。そして次の部分にいくわけです。

するとある火ともしごろである。保吉は役所から帰った父と、薄暗い風呂にはいっていた。はいっていたとは言うものの、体などを洗っていたのではない。ただ胸ほどある据え風呂の中に恐る恐る立ったなり、白い三角帆を張った帆前船の処女航海をさせていたのである。そこへ客か何か来たのであろう、鶴よりも年上の女中が一人、湯気の立ちこめた硝子障子をあけると、石鹸だらけになっていた父へ旦那様何とかと声をかけた。父は海綿を使ったまま、「よし、今行く」と返事をした。それからまた保吉へ顔を見せながら、「お前はまだはいってお出《いで》。今お母さんがはいるから」と言った。もちろん父のいないことは格別帆前船の処女航海に差支えを生じる次第でもない。保吉はちょっと父を見たきり、「うん」と素直に返事をした。

父は体を拭いてしまうと、濡れ手拭を肩にかけながら、「どっこいしょ」と太い腰を起した。保吉はそれでも頓着せずに帆前船の三角帆を直していた。が、硝子障子のあいた音にもう一度ふと目を挙げると、父は丁度湯気の中に裸の背中を見せたまま、風呂場の向うへ出るところだった。父の髪はまだ白い訳ではない。腰も若いもののようにまっ直《すぐ》である。しかしそういう後ろ姿はなぜか四歳の保吉の心にしみじみと寂しさを感じさせた。「お父さん」――一瞬間帆前船を忘れた彼は思わずそう呼びかけようとした。けれども二度目の硝子戸の音は静かに父の姿を隠してしまった。あとにはただ湯の匂いに満ちた薄明りの広がっているばかりである。

保吉はひっそりとした据え風呂の中に茫然と大きい目を開いた。同時に従来不可解だった死というものを発見した。――死とはつまり父の姿の永久に消えてしまうことである！


ということで、ここの断章は終わっています。四歳ということですが、今の満年齢でいうと三歳かもしれません。ほんとうにまだ小さい。芥川龍之介は近代文学史上指折りの文学者ですから、小さい頃から天才的に頭がよくて鋭敏だっただろうとは言えるのですが、芥川だからこそこんなに小さいときから哲学幼年、文学幼年のような傾向が過剰にあったのではないかと思われるフシもあると思います。それから「この書き方、少し嘘っぽいぜ」と感じさせるところもあります。芥川龍之介の自伝ものは少しわざとらしいのです。私はそういうところはあまり好きではありません。『トロッコ』という名作がありますが、あの作品も、最後に、大人になって生活に疲れた主人公が、少年時代の行き暮れた思い出をふと思い出して、自分の今の境遇と同じものをそこに見出すというような意味づけの文章が出てきます。意味づけをするということはたいへん必要なことですが、文学作品ですから、もう少し粘り強く、かつさりげなくやってほしかったと思うのです。

軽いというのとはまた違うのですが、芥川は批評家が指摘すべきことを自分で言ってしまうようなところがあります。自分を跡付けるのに、いかにも不安と自意識いっぱいの幼年時代、少年時代、ずっと鋭い子供時代を過ごした半生というような意味づけをやりたがるところがあります。しかし、本当に自己というものを意味づけていくにはそれ相応の粘り強い手続きが必要だと思うのです。けれども、いかんせん、若くしてあまり鋭すぎて逝ってしまった人だからしょうがないかなとも思います。

それはそれとして、ここで言われているわざとらしさとか、ある種の嫌みというものを一応取り除いてその向こう側にこの保吉少年、あるいは実際に芥川少年が感じたことの事実、それが持っている意味の重大さみたいなものはやはり抽出できそうに思うので、その限りで言ってみます。

つまり、蟻が殺されたというようなことでは、保吉少年が考えている死のリアリティが説明されているとはどうしても思えなかった。それはどういうことかというと、人間以外の自然界のものが動かなくなってしまうということと、自分が考えている死とはなにかという問題とは違うということです。保吉ぼっちゃんが漠然と考えていた死というのは、やはり人が死ぬということの特別の意味なのです。人が死ぬのだって蟻が死ぬのだって同じじゃないかと思うかもしれないけど、そういうことではなくてやはり人の死が自分にとって持つ固有の意味とは、何か。それをこの作品に即して一言でいうなら、「関係が壊れる」ということだと思うのです。

つまり、死ぬとは自分の知っている他の人が死ぬということで、他の人が死ぬというのは蟻が動かなくなる以上に、保吉に対してなにか既に切実な問題をおぼろげながら伝えてきていた。自分が知っている他の人がいなくなるというのは、関係が壊れるということではないかということを彼は潜在的に思っていた。そういう心理的な前提のようなものがあって、はっきりした死のイメージが表象として浮かび上がってこないものかと思っていたときに、たまたま一緒に楽しくお風呂に入っていたお父さんが後ろ姿を見せて、フッといなくなってしまった。そういう一瞬の不在体験、身近なかわいがってくれるお父さんがフッといなくなったという体験を通して、「死というものはこういうものなのか。つまりそれは身近な他人というものが永遠に不在になってしまうという感覚なんだな」というのがわかったということです。

そういうふうに跡付けると、幼年期の芥川をいかにも文学者的に輪郭づけることになるのですが、そうではなくて、こういうことというのは言葉で言うからいかにも意味ありげな荘重な言い方になってしまうのですが、誰でもこれに近いようなことは、これくらいの年齢か、あるいはもうちょっと大きいぐらいの年齢で多分経験しているのではないかと思います。それを簡単に言ってしまえば、「人はばらばらだ」ということがわかるということなのです。それは、思ったよりも非常に早い時期に訪れてくることだと思います。「人はばらばらだ」というのは当たり前の話なのですが、単に身体と身体が離れている、空間的にばらばらだということだけではなくて、時間的にもばらばらであるということです。こちらが生きているときに向こうが死んでしまったり、向こうが生き残るはずであるのにこちらが先に逝ってしまったりということがあります。親と子で年齢が違っていて、普通にいけば親のほうが先に死んでしまうということに気づくとか、いろいろなあり方があると思います。

死の自覚こそが、「人間」を形成する

私事で恐縮ですが、今は社会人になっている私の娘が、多分、四歳か五歳くらいだったと思うのですが、毎晩「もう寝なさい」と寝かそうとすると、目に涙をいっぱい浮かべて、なにかすごく思いつめているような様子をするわけです。母親が「どうしたの」と聞きますと、「ママ、内緒よ」と言って耳打ちして、「ママ、私が死んだらお船に乗せて川に捨ててちょうだいね」と言うのです。それを毎晩毎晩、何回か続けるのです。それからもう一つは、「ママ、私が大きくなったらママはおばあさ

んになって死んじゃうんでしょう」ということを何回も何回も聞くのです。それが四、五歳の時期でした。

それを見ていて私は、人がばらばらだという自覚は、大人が思っているより早い時期に子どもに訪れてくるものだなと非常に強く感じました。つまり、そのことを自覚する時期から、単純に言えば人間というものがはじまるわけです。そして、その頃から言葉をうまく操るようになっていろんなことがわかってくるということとは偶然の一致とは思えなくて、何かある関連があるような気がするわけです。ともかく、人間はばらばらであるという事実、自分の身近な他者のそのときどきの不在、お母さんが買い物に行っていなくなって「早く帰ってこないかな」でもいいのですが、そういう経験を積み上げ積み重ねていくことによって、人間は死すべき存在なのだという自覚に至る下地ができると思うのです。ですから、他者のそのときどきの不在を積み重ねたものが死であるというように考えることができるのではないか。幼児はそのようにして、死の意味を経験していくのではないかと思います。

幼児期に死の意味を自覚するというのは、そういう身近な他者の永遠の不在である死を、自分の現在の中で体験として生きるということです。ですから、保吉少年がここで死というものを画然と理解して、死というのは父の姿が永久に消えてしまうことであるということがわかったと言ってるのは、少し文学的てらいがあるにしても、死に対する視線、眼差しの捉え方という意味ではたいへんよく的を突いているのではないかと思いました。

そして、そういう絶対的な深淵、絶対性を自覚することによって、今度は知らず知らずのうちに、そういう絶対的な深淵とどういうふうに付き合っていったらいいのか、絶対的な非連続性と深淵の間にどういうふうに橋をかけていったらいいのかということを、人間は体得していくのだと思います。その橋のかけ方として最も重要なものが言葉です。人間というのはお互いにばらばらな個体であることを一つの手痛い認識として繰り込むことによって、はじめて人間になっていく。そこを通過しなければ、いわゆるまともな人間になれないというか、そういう過程を通じて人間として完成していきます。そして、先ほどふれたように、それは、人間が言葉を話す唯一の動物であるという事実と関係があるような気がします。人がなぜ言葉を用いるようになるかという問いはなかなか難問なのですが、少なくとも個体の発達過程に即してこれを考えるなら、母親と融合した状況というのがまずあって、その状況が断ち切られたときに、幼児の中に、状況から浮きあがった自分、身をもぎはなした自分というものが初めて開きます。それが、心とか自己意識とか呼べるものだと思うのです。それは、何か充実している状態ではなくて、むしろ一つの空虚なのです。心というのは、簡単に言ってしまえば、自己が空虚であることに気づくということを意味します。それはエロス的な融合関係の挫折によって引き起こされる一種のリアクションなのです。

母子関係というのは、もともと、われわれが考えているような自己と他者というような自立した個人同士の関係ではありません。母子一体的な関係でコミュニケートされている交流の仕方は、われわれがこうやって言葉を交わしていることとはもっと違った生命的なつながりようなものがあると思うのです。それはエロスのコミュニケーションだというふうに思いますが、それが、例えば自分がいてほしいときに母親がいないというような、不在の経験をたくさんすることによって挫折するわけです。そういう不在を経験してエロスのつながりにおいて挫折してしまうことが、反転して、心とか自意識とかいうものを不可避的に生み、そこから言葉というものを使わざるを得ないという要求が芽生えて、やがてそれを駆使するような段階に達するということです。だから、人間はエロス的なつながりをいっぺん諦めることによって、より人間的な存在として完成に向かっていくという考え方を私はしています。

言葉が死の深淵に橋をかける

さて、言葉というものには、いろいろなフェイズ、顔立ち、側面があります。ママのなつかしい肉声を聞いているときの言葉のコミュニケーションの仕方、つまり、そこでどういう交流が行われているのかということ、それから、学校へ行って算数や国語を教わっているときの言葉のコミュニケーションのされ方、友だちとのおしゃべりという伝達の仕方、あるいは書き言葉によって意志を伝えることなどがあります。例えば好きになった相手に想いが伝えられなくて、手紙を書く場合を考えてみます。口で言えば手っ取り早いはずなのになぜ直接言わないで手紙を書くのか。なぜわざわざ面倒くさい書き言葉という方法をとるのか。そこにはそれなりの理由があるはずです。表現手段のちがいというのは単に機能的な必要性とか、便不便に対応しているのではなくて、それ自体が人間の生き方のちがいを表しています。

言葉にはさまざまな相とかフェイズというものがあるのですが、その一つひとつのフェイズの中に人間の付き合い方が表れています。言い換えれば、人間と人間の間の深淵、つまり非連続性にいかに橋をかけるかということでは、さまざまな方法があって、その一つひとつの方法は、ただ同じ心を伝えるためのさまざまなやり方というのではなく、それぞれにみんなちがった心のあり方が反映しているのです。というよりも、人はそれぞれのやり方を通じてちがった心を実現しているのだと言ったほうが正確かもしれません。

以上のようなことを確認しておいて、次回は、少し死の問題からは離れてしまうように思われるかもしれませんが、そういう言葉のかけ方というのはたいへんに厄介なものであるという話からはじめたいと思います。つまり、人間の深淵を埋めていくことは厄介なものだという話に持っていきたいのです。

私は増田みず子さんの小説をかなり好きでいくつか読んできたのですが、なかでも『笑顔』という短編はたいへん心に残る作品です。この作品は、人間の本当の孤独のありかみたいなものは、例えば単に親子付き合いをしていればわかるかといえばそんなことはない、もっととても厄介なものだということを教えてくれているように私は読みました。単に顔を毎日突き合わせていればお互いの心がわかるかというと、そんなことはなくて、逆に、もっとより遠い非連続な状態、より孤独な状態になったほうが本当のことがわかるといったような、そういうねじれた逆説的な関係のあり方を人間は示すことがあります。これは、そういうことを表している作品だと思いました。これについては次回にお話ししますが、読んできていただいうえでお話をした方がいいと思います。

日常性と死

前回、宿題というかたちで増田みず子さんの『笑顔』という短編小説を読んできてほしいとお願いしましたが、いろいろなご感想をお持ちだと思います。この小説を、この講座で追究している「死」の問題、もう少し死を拡張した「孤独」の問題という切り口で少し料理してみたいと思います。短編小説というのは、文体のあやとか、はっとするような場面転換、特有のテンポやリズムなどが命でしょうから、「あらすじ」としてまとめてしまうと、味もそっけもないことになってしまうのですが、話をわかりやすくするために、ざっとまとめてみました。

〈あらすじ〉

「久しぶりの休暇をとって一週間ほどの旅行をしてきた一人暮らしの宣子のもとに実家の近くに住む女性から「お母さんが五日前に亡くなり、既に葬式もすませた」という連絡が入る。もの心ついた頃から不仲で、口を開けば言い合いばかりしていた母が死んだと聞かされても、宣子にはほとんどなんの悲しみも感情もわいてこない。学校を卒業してから家を出て、ことさら一人の生活を選んだのも、厚かましくタフで人の悪口を言うことしか知らないこの母と一緒に暮らすのはいやでたまらなかったからであった。

翌日、同じ女性からの再度の催促電話に、宣子は重い腰を上げて実家へ赴く。母からふだん鍵を預かっており、通夜から葬式まですべてを取り仕切ってくれた川野さんというその女性から、生前の母には「実の娘のようにかわいがってもらった。おばちゃんはとってもやさしい人だった。一人で死んでいくなんて、かわいそうでたまらない」という意外な話を聞かされるが、それでもまだ宣子は母を許す気にはなれない。

だが、誰もいなくなった家で遺品の整理に時間を費やすうち、古いアルバムの中に幼い自分と一緒に写った母の笑顔を見つけ、そういう時間を過ごしたこともあったのだという感慨にひたされて、ようやく、人並に親の死に手を合わせる気になってくる。ところが最後に特に大切にしまわれた木箱を発見する。

もちろん、これで終わらないわけで、以下最後までじかに読んでみたいと思います。


パラパラとアルバムをめくってみた。黄ばんだ写真のなかに、若い頃の父と母の笑顔がふんだんに混じっていた。赤ん坊の宣子をいとしそうに抱いている母の写真もあった。

母は、たいてい笑顔で写っていた。小さな宣子をまとわりつかせ、信じられないほど穏やかな表情を浮かべていた。その母の前には、カメラを構えた父がいたはずである。母は父と宣子に向ってほほえんでいるのだった。

宣子は箱の前にすわりこんだ。母や父の笑顔を見ていると、体中に温かい血がどくどくと流れこんでくるような心地よさを感じた。

あたり前だった。昔、両親はどんな形にしろ、好き合って結婚し、二十年近くも一緒に住んでいたのだった。父の死後も、母はそうラクでないはずの家計をやりくりして、宣子を大学まで出してくれた。何だかんだいっても、母は宣子を心の底では可愛いと思っていたに違いないのである。勝手放題のことをいっていたのは、宣子が娘だからで、他人には、例えば川野さんのように、適当に愛想よく振るまって、好かれる努力をしていた、ということなのだろう。

忘れていた母の笑顔が少しずつ甦ってくる。子供の頃は人並みに母とじゃれ合ったこともあるのだ。高校、大学の入試に合格したときも、宣子一人が喜んだわけではなかった。毎日の暮しのなかにも、ちらりちらりと母は笑みを見せていた。宣子が見過ごして気に止めなかっただけだった。

宣子の気持ちはようやく和み、母の霊前に素直な気持ですわることができるようになった。死んでからまで反目することはないのである。

もう少し頻繁に会っていたら、母の体の変調に気づくこともでき、逝くときはそばにいて、優しい言葉のひとつもかけてやれたろう。母からも何か、それに似た言葉を聞くことができたろう。死の間際なら和解できたのではないだろうか。

「私も許すから、母さんも許してよね」

声に出していうと照れて眼を伏せた。自分の声が空々しく響くのは、母と仲良くするのに慣れていないからだった。

翌日、宣子はもうひとつ別の箱を、母の寝室の天袋から見つけだした。天袋には、その、何重にも油紙でくるまれた箱だけがあって、あとはカラだった。埃ひとつついていなかった。よほど大事にして、小まめに手入れしていたに違いなかった。

木箱が出てきた。そのなかに一組の内裏雛が納められていた。宣子の見覚えのないものである。

端正な顔だちに、上品なうっすらとした微笑を湛えている。宣子は一目で気に入り、これだけは母の形見としてとっておこうと決めた。

しかし人形と詰め物を取りだした木箱の底に、母の手紙が入っていた。思いがけない内容だった。もうとうに忘れてしまって思いだすこともなかった名前が書かれていた。古いアルバムにさえ、写真がなかったのだ。その雛人形は、宣子が生まれる前に三歳足らずで死んだという姉の陽子の初節句に買ったものであり、女雛の顔が陽子に生き写しだと、母は書いていた。それはほとんど陽子宛といってもいい手紙だった。

宣子のことは一字も書かれてなかった。

宣子は全身が凍りついたようなうそ寒さを覚えた。

もしかすると、母は、幼くして死んだ陽子だけを愛し、宣子のことなど、眼に入っていなかったのではないか。

姉がいたなどという実感は宣子にはない。母は生前陽子の名を口にしたことなど一度もなかった。写真も一枚も残っていないのである。母はしかし陽子以外愛さないと手紙のなかで誓っていた。

母の笑顔を宣子は懸命に思いだそうとした。

写真のなかで母は微笑している。だが、それは宣子を素通りして、宣子の知らない陽子に向けられている。
母は、宣子に雛人形を買ってくれたことがなかった。
宣子は一人だった。母を好きになりたかった。本心から母を好きになりたいと思ったのはそれが初めてだった。

この作品を取り上げた動機は、お母さんの死ということが出ているという意味で絡みがあることは確かですが、それ以上に人間が生きているときの孤独というものの温め方が、とても象徴的に描き出されている作品だと思ったからです。いま読んだ最後の部分でもわかるように、この作品の特徴として、普通のドラマや物語の終わらせ方がとるような定型性、パターンとはかなり違うところがあるわけです。

母親と折合いの悪かった娘が母の死に目に会えなくて、遺品を整理するうちに古いアルバムが出てきた。その中で、あんなに意地悪で自分には厚かましくて、いやみなお母さんでしかなかった人が、写真の中でそれなりに笑顔を示しているということがアルバムで確認された。それだけではなく、川野さんという女性がいて、その女性に対しては「やさしいおばちゃん」として振る舞っていたということを彼女から聞かされるということがあります。「へえー」と思うわけです。お母さんが自分に直接接触していないところでは意外な面を示していた事実を宣子が知った。しかし、もう死んでしまったからそういうお母さんにもちろん会うことはできないし、また、生きていれば永久にそういう、いいお母さんの面は見せないわけです。見せないまま死んでしまって、そのあとでようやくお母さんにもそういうところがあったんだなというところがわかって、死んでからまで憎しみ合うことはないんだから、ほっと許す気になって、殊勝に手を合わせて、「私も許すから母さんも許してよね」というように声に出して言ってみる。

普通の人情話では、ほっとするような感慨というものが最後に描かれて、そこで余韻を残して終わるというのが、私たちに受け入れられやすい小説のパターンではないかという気がするわけです。ところが、この作品の特徴は、そこをもう一回ひっくり返しているところにあるのではないかと思います。アルバムのあとで木箱が発見されたというところから、そのひっくり返しのプロセスがはじまっています。この木箱というのもたいへん象徴的です。遺品を整理しているうちに、まずアルバムが出てくる。その中に笑顔を向けているお母さんがいる。そこで少し許す気になる。しかし、それで終わらずに、木箱が出てきて、そのいちばん奥に内裏雛が納められている。さらに、もしかしたら気づかずに焼き捨ててしまったかもしれない、処分してしまったかもしれない箱のいちばん奥の秘められたところから「手紙」が出てくるわけです。

そしてそれは、既に死んでしまった姉の陽子に対して「陽子にしか愛情をかけない」ということを告白した手紙が入っていた。ここで、宣子の許す気持ちになっていたものがもう一回、ひっくり返るわけです。ひっくり返って、「なんだ、やっぱり私を全然愛してくれなかったのね」と言って、もう一回怒り狂うということではなく、そういう母親の、「もう陽子以外は誰も愛さない」と心に誓った孤独な心に触れたときにはじめて、宣子は世の普通の人のように殊勝げに許すという気持ちではなくて、母をほんとうに好きになりたい、本心から母を好きになりたいと思ったという、もう一段奥深い気持ちがそこからはじめて生まれているというふうに書かれていると思います。

つまり、母は性格の悪い母として描かれているのですが、おそらくこれは宣子の方から見てそう見えるわけで、第三者的に見ればもしかしたら宣子の方もいいかげん性格が悪いかもしれないということです。要するに、そこには何があるかというと、親子のようないちばん身近な人間関係でありながら、お互いに孤独であるような関係があるということです。身近な関係でありながら孤独であるということを描き出すことにかけては、この増田みず子さんという人は他に例を見ないうまい書き手、文学者であると思いますが、特にこの作品は、増田さんの面目がよく出ていると思います。

そういう孤独、あるいは同じことですがこの場合には性格の悪さとして描き出されている母親のあり方、それが表面からめくられていって、一回母親のイメージがひっくり返される。そのときには世間普通の癒しと許しの感慨というものがやってきて、微温的におさまりそうになる。しかしそれで終わらずに、さらにその底に秘められた、いちばん底のところにある固有の執着というものにはじめて突き当たる。いちばん底に突き当たったときに、はじめてほんとうの許しとか癒しというものが生まれてくるわけです。しかし、それが新派悲劇みたいに安っぽくないのは、そういう本当の心、本当の孤独のありか、なぜそんなに性格が悪かったかというその人格の奥に秘められた謎とか秘密にぶつかって、「母を好きになりたい」と思ったというところで小説が終わっているからです。これが、もし母親が生きている間にそのことを理解して通じ合えたというようなハッピー・エンドであったならば、たいへん通俗的な結末になってしまっただろうと思いますが、そうなってないということです。

　母が死んだことによって娘の心がやわらいで、いままでのすべてを水に流してもよいという心境になった、というのでは通俗的で深みがありません。この作品は、あくまでも「好きになりたい」と言っているだけです。しかもそれは、性格の悪い母の別の面を知ったからではなくて、性格の悪さの理由を知ったからなので、お互いの関係の問題そのものは、何ら心の決着をみてはいないわけです。

　つまり、この話は、本当の人間の孤独とか固有の執着の秘密を探り当てるために、片方の死とか、お互いの会えない関係、不在の関係というものを代償にしているという構造になっていると思います。この作品では、お母さんが死んでしまって、永久に会えないというかかわり方においてはじめて、お母さんの心の秘密が発見されたという筋立てになっているのですが、こういうことは、そういうはっきりした死ということではなく、お互いに生きていても、じかに顔を合わせないで互いに不在であるあり方の中でもけっこうあると思います。

死もまた関係のあり方である

例えば、私はもの書きをやっていますが、商売柄、しばしば「どうして自分というのはものをわざわざ書くのか」というようなことを考えます。書くということは、たいへん面倒臭い、まだるっこしいことで、日常的なところでいろいろな思いがよぎったりするスピード感のある流れというものとの間に絶えずギャップがあります。ですから、書くということは、たいへん面倒臭いことです。しかし、あえてそういうことをどうして選ぶのかと考えたときに、私はすごく話が下手であり、うまく自分の思いが伝えられないという思いが青春時代からずっとありました。それが伝えられなかったときに、とても悔しいという思いがあとに残ったわけです。そういう悔しいという感覚が蓄積してくるのをなんとか処理するために書くことを手がけてきたということが、いちばんのモチーフとしてあるという気がします。

書き言葉は、単に「これはもったいないから記録としてとっておこう」とか、「そこに居合わせなかった人のために書き残しておこう」というような実用的な動機だけで成り立っているのではありません。じかに接して話すという関係のあり方だけではどうしてもたまってしまうオリのようなものを処理したいという願望が、書き言葉への促しを支えているような気がします。

専門的なもの書きといえば、ごく限られた人がやっているだけであって、誰もがやっているわけではないのですが、そういう専門的なもの書きでなくても、人はしばしば、「手紙」とか「日記」という形で書くということをやります。事務的な用事ではなくて、心を伝えたいために手紙を書くということをなぜ人はやるのか、あるいはなぜ日々の生活の流れに身を任せずに日記のようなものを書き記しておきたいという衝動を人は持つのかということを考えてみると、この『笑顔』という作品の中に象徴的に表されていた人間関係の複雑なあり方、逆説的なあり方というものがある関連をもって浮かび上がってきます。

つまり、手紙をなぜ書くかというのは簡単なことで、じかに会って話すのではすまないことを人間は抱えているからです。じかに会うと、本当だと自分が思っていることがうまく伝えられないという気持ちをすごく持つから手紙を書くということになるのだと思います。そういうことが人間にはあるという事実はとても大切なことだと思います。「書く」という行為は、その手紙の相手がじかに目の前にいたら、恥ずかしくて書けません。すごく抵抗感があって、よほどずうずうしい人でなければ、そういうことはできないと思います。つまり、手紙を書くということは、「相手の不在」を前提にしているわけです。相手がいないところでこそ相手に対する本当の気持ちを伝えられるのだという、そういう屈折したというか逆説的な関係のあり方というものを人間は選ぶ動物であるということです。

いま、「書き言葉」の例をあげたのですが、そういう例ではなくても、例えば人がある異性を好きになったとします。しかし、なかなかその想いが打ち明けられない場合があるとします。手紙もうまく書けない。そして、会っていないときほどその人に対する想いがどんどん濃密なかたちで募っていくということを人間は経験すると思います。たまたま会ってしまったりすると、なんとなくロマンが打ち砕かれてシラケるというようなことは、しばしばあるのではないでしょうか。これはプラスのほうの感情、プラスのエロス感情である「愛」にかかわることですが、逆のケースもあります。

エロス感情の中にはマイナスのほうのエロス感情、嫌悪とか憎悪ということも含まれます。夫婦関係というのがいちばん端的なわかりやすい例だと思いますが、長く生活している間には、どんな親しい間柄でも、いや、親しいがゆえにかえって相手に対する憎しみの感情を持つことがしばしばあるでしょう。そういう憎しみの感情は、離れていればいるほどよけい募ってきて、「あんちくしょう」とか、自分の内面で言葉に言葉を積み重ねてうっ積させてしまったりします。しかし、日常生活の中でじかに会って、お互いにかかわって生活をはじめてしまうと、なんとなくそれはうやむやになって消えていく。「会ったらこういうことを言ってやろう」と思って手ぐすね引いていたのが、なんとなく何もしないで消えていく、シラケてしまうということがよくあると思います。

そういうようなことをいろいろ併せて考えてみると、人間の関係にとっては相手が目の前にいないということが、かえってその関係に一つの意味を与えることがどうもあるようです。まったく知らない赤の他人では問題になりませんが、いわゆるエロス的な他者、よく知っている他人、身近な人の場合、その身近な相手がいないということは、その相手との関係にとって、ある場合には不可欠の条件になっているのではないかと思うわけです。人間というのは、じかに会っているときばかりがコミュニケーションや関係をつくっているのではなくて、ほんとうはその相手が互いに不在である時間に培われた観念的な交流の積み重なりのようなものを、会っているときにもキープしていて、それに強く条件づけられながら生きているのではないか。相手がいないときの時間を、相手が現前しているときの時間に重ね合わせながら生きているのではないかという気がするわけです。

相手の不在ということのいちばん極端な例、相手の不在が永久に続いてしまうような状態になったものが死です。したがって、『笑顔』の主人公の宣子が、母が死んでしまったあとという特殊な出会い方の中で、はじめて母の孤独の秘密というものに触れることができた。それと同じように、私たちも、こちらは此岸にいて、向こうは彼岸に行っているという、そういう川を隔てて永遠に会えないという関係もまた一つの関係であって、そういう関係の中で人間は相手とのかかわりを深めていくという要素があるという気がします。

そこで、キャッチ・コピーのように言ってみたいのですが、こんな言い方ができるのではないかと思います。「関係の中で関係を通じて人は自分の孤独を確認し、または孤独の中で孤独を通じて人は自分の関係を確認する」。

直接出会っているときにかえってとても孤独を感じてしまったり、逆に、別れて一人になっているときに相手との濃密な関係を維持していたり、そういうようなことが人間の関係の基本のところをかたちづくっているような気がします。そういうことを考えていったときに、死の事実がこれまでと際だって変わって見えてくるわけではないにしても、死に対するもう一つの相対化した見方ができるのではないかと思います。それは簡単に言ってしまえば、孤独とか死とかというものは必ずしも悪いものではないというように感じられる見方ということになります。死で分け隔てられたということは、場合によっては必ずしも悪いことではない。そんな感じで他人の死ということを考えてみてもいいかなと思ったのです。これが今日の話の前半で、この前から引きずってきたことです。

ハイデガーの死の哲学

ここで一気に飛んで、今世紀最大の哲学者といわれているハイデガーの主著である『存在と時間』の中の「死」について述べられている重要な思想に触れてみたいと思います。そのあとでもう一回、「相手の死と自分、他者の不在と自分」というテーマに戻ってきたいと思います。

極めつけの難物の『存在と時間』ですが、ハイデガーという哲学者は死の問題を最も深く突き詰めた哲学者だったと言われています。死ということをハイデガーがどのように重要視して、どのようにとらえたかをある程度正しくつかむためには、死というテーマが直接出てくる以前の部分で、人間をどのように考えているかということのアウトラインをとっておいた方がいいと思います。『存在と時間』という本はいったい何をやった本かといいますと、ひとことで言うなら、「有る」「存在する」とはいったいどういうことかを追究した本です。ところで同じ「有る」でも、いろんな「有り方」がある。そこらのものがものとして「有る」のと人間が「有る」のとではその「有り方」が根本的に違う、とハイデガーは考えます。そこで、人間はいったいどういう「有り方」をしているか、その特性を現象学的に全部現し出してみようということで、彼は人間のことをあえて「現存在」と呼び、特にその時間性との関わりを重視します。というより、時間が私たちにとって時間として有る「有り方」そのものが、現存在の構造を表している。私たち自身が、時間存在としての自分を不断に構成している、といったほうがいいかもしれません。そのことを念頭において、死のテーマと関わるかぎりでの、ハイデガーの人間把握についてみてみましょう。

1と2の引用は、比較的わかりやすいかなと思うところをピックアップしてきたものです。なお、ここに引くのは辻村公一さんの訳文ですが、辻村さんの訳では「現存在」「存在」という用語がすべて「現有」「有」とされています。しかし「現存在」「存在」と言った方が一般的ですので、すべてそのように置き換えて引用します。

> 1　現存在は彼の存在に於てこの存在それ自身が関心の的になっている有るものである。

ここで「関心」というのは、ドイツ語では「ゾルゲ」という言葉だと思います。これは、たいへん大事なキーワードです。

ハイデガーは怒るかもしれませんが、この文章をもう少し噛み砕いてみます。ハイデガーはものすごく言葉にこだわる人ですから、ちょっと言い換えたら、全然自分の言おうとしたことと違うと怒られそうな気がしますが、簡単に言ってしまいましょう。人間というのは、自分のことを絶えず気遣っている存在だということです。ここで言っているのは、「人間というのは絶えず自分のことばかり気にしている存在だ」ということだと思います。気にしている存在だというのは、そういう性格とか傾向を持っているというような軽い意味ではなくて、ハイデガーが言いたいことは、それが「人間存在の本質だ」と言いたいのだと思います。「構造」という言い方をしていると思いますが、「人間存在の実存的なあり方の構造というのは、関心というあり方である」、つまり、自分自身に対して絶えず関心をめぐらしているのが人間の実存の構造なんだと言っていると思います。

その次に、これもポンと飛んでいちばん大事だと思うところだけ出すのですが、では、その「関心」という構造を持っている人間はどういう仕方で関心を自分自身に振り向けているのかについて述べたのが次の引用です。

2　現存在は彼の存在に於てその都度既に彼自身に先立って有ると。現存在は常に既に「それ自身を超えて」有るが、そのことは、現存在がそれで有るのではないところの他の有るものへ関わることとしてではなく、現存在それ自身がそれで有るところの有り・得ること、そういう有り・得ることへ関わりつつ有ることとしてである。

なんだか早口言葉のようで、ちょっと読んだだけでは何を言っているかわかりませんが、三回か四回ぐらい読むとわかってきます。悪戦苦闘してください。どういうことを言いたいのかというのが、ちゃんとわかってきます。簡単に言ってしまうと、まず人間というのは常に自分自身を超えているのだ、自分自身に対して超越的なのだということが言われています。それではどういうしかたで自分自身を超えているのか。人間は、「何かにかかわる」というしかたで自分を超えようとするのだとハイデガーは答えます。しかしその何かというのは、「それで有るのではないところの他の有るもの」ではない。つまり人間が自分自身を超えているのは、何か自分とはまったく別個の存在へかかわっていくようなあり方で実現されているのではなくて、自分自身が一つの可能性としてあること、現在はそうではないのだけどもしかしたら将来はこうであるかもしれないというような、そういうあり得る状態としての自分自身へ関心をさし向けるかたちで実現されている。あるカチッと固まった実体として別のある実体にかかわろうとするということではなくて、自分自身がこうであるかもしれないような、未だないところのあり方へ関心をさし向けつつあるという、そういう存在の仕方をしているのだ、つまりそういう仕方で自分自身を「超えている」といえるのだということを言っています。

自分ではわかったつもりなんですが、まだ私の説明でもあまり噛み砕いたことになっていないかもしれません。とにかく、われわれが普通の物体とか自然対象などにかかわるときのあり方と、自己自身に関心をさし向けるときのさし向け方は根本的に違うのだということのニュアンスはおわかりいただけたと思います。そして後者の関心のさし向け方が、人間にとって本質的なのです。

要するに、自分自身というものは決まっていない、不定の状態なのです。絶えず不安な状態に置かれている。そして、可能性の中に置かれているわけです。これは死ぬまで絶対にそうなのです。どんなに希望がなくなってしまったり、その人の能力が失われたり、もう何もやることがなくなったという状態になったとしても、人間存在というのは本質的に、現にいま自分があるのではないけれども、やがては自分自身がそうでありうるようなところのもの、そういうものに向かってたえず超えて行こうとするし、そういうあり得る状態に対して自分の関心をさし向けているような存在だということです。

次の3と4は、人間の死とはどういうものであるかということについてハイデガーがどう言っているかということです。人間は生の中で、いろいろなことを経験するわけです。しかし死だけは経験が不可能であるということ、これがハイデガーの前提です。もちろん、他人の死を経験することはできるのですが、それは代わってやることが不可能な経験で、代理不能です。それが死ということの特権的なあり方なのだと、ハイデガーはとらえるわけです。これは多少、異論があるかもしれません。サルトルはそれに反論して、「そんなことはない。ほかのことだって代理不可能といえば代理不可能なんだ」という言い方をしていますが、それがハイデガーの前提ですから、一応はそれを認めて進むことにします。ただし、私にも異論がありますので、それは後に述べさせてもらいます。

さて、ハイデガーは次に、「他人の死を経験することは現存在の把握に役立つか」という問いを立て、これは役立たないと考えるわけです。日常的な配慮の範囲では他人と自分では代理可能である。たとえば役を代わってやることはできる。しかし、死だけは代わってやることができないというわけです。もちろん、誰かに代わって死ぬ、つまり、誰かを生かしてやって、その代わりに自分は犠牲になるということはできるのですが、そういうことをやってあげたとしても、その死を免れたほうの相手は、死という主題から免れているわけではなくて、いつかは必ず自分自身の死というものに出会わなくてはならないはずです。死というのは、そういう代理不可能である特権的な経験、経験というよりはむしろ経験不可能な事実、あるいは現象なわけです。そこから彼は、次のように結論づけます。ちょっと原文の順序をひっくり返しますが、

3　（死はそこにおいて）各々自己の現存在の存在が端的に問題になるところの存在・の・可能性を意味している。（だから）死は、それが「ある」限りは、本質上各々私の死である。

これはそんなに難しいことが言われているわけではありません。「現存在の存在が端的に問題になる」というのは、人間の存在そのものが問題になるのだということで、そういう問題になるなり方は死の他にはないんだということを言っているわけです。ここで引っかかるのは「可能性」という言葉です。可能性と言うと、われわれはやりたいと思っていることができるというプラスの意味の可能性を考えがちです。日本語の「可能性」は肯定的なニュアンスがありすぎる言葉ですが、ここで言っているのは要するにただ「あり得るということ」を意味しています。「死は、それが『ある』限りは、本質上各々私の死である」というのは、それぞれの死というのは、きわめて個別的に切り離された固有のものであって、代替不可能、交換不可能であるということが強調されているわけです。

そのあと彼は、死は一つの終末であるのだけれども、それは仕事が終わるとか、あるいは、未熟であった果実が成熟するというようなさまざまな終わり方と比べてみた場合にどうかというふうに問うています。そして、そういうさまざまな事象の終わりとか完成ということとは共通する部分もあるけれども、ちょっと違う点があるということを、いろいろとこねくり回して論じていきます。言いたいことは、要するに死というものは格別な経験、事象で、ほかには絶対に置き換えのきかないものだということをずっと言っていくわけです。

次の4はたいへん大事なことですが、人間というのは人間であり得た瞬間から、この世に生まれてきた瞬間から死によって深く規定されている存在だと言っているわけです。人間の生自体が死によって規定されているということです。

> 4　現存在はむしろ、彼が有る間は、不断に既に彼の未だ＝無いで有るように、それと同様に現存在はまた既に常に彼の終末でも有る。

二つの矛盾することを同時に含むようなものとして、死というのはわれわれの眼前にあると言ってるわけです。まだ死んでない、つまり自分の一生が完成していない、未済である状態、常に未済であると同時に、現在生きつつ、現在の中で既に人間というのは終末でもあるのだという言い方をしています。つまり、死を生きているという状態なのだということです。

> 4（つづき）　死に依って意味されている終ることは、現存在が終って＝しまって＝いることを、意味するのではなくして、〈現存在という〉この有るものの終末への存在、〈すなわち終末の間際にあること〉ということを、意味している。（〈　〉内は訳者の補足。以下同様）

人は絶えず間際にあるということです。差し迫ったものとして、われわれは常に既に死を生きているのだということです。これはあまり言うと、なんだかもうすぐ命がなくなるというような切迫感をもって聞こえますが、ハイデガーの場合には、こういう思想を編み上げる彼固有の必然性が時代的にあったと思います。言うまでもなく、ヨーロッパは二つの近代的な大戦争を経験して、その狭間でハイデガーは生きていたわけです。そして、ちょっとナチスにいかれてしまったりして、いろいろ物議をかもしているようですが、ともかくそういうふうに、二つの大戦のはざまに置かれたドイツという緊張した環境の中で死というものを日常性においてひしひしと感じながら生きていたのではないかと余計な想像をするわけですが、そのことが、彼が死、死とこんなに騒ぐところにかなりよく出ていると思います。

4（つづき）　死は、現存在が有るや否や彼が引き受ける或る一つの有り方である。「人が生まれて来るや否や、直ちに彼は死ぬに足る程老いている。」（カギカッコ部分は、『ボェーメンの農夫』からのハイデガーによる引用）

そういうわけで、関心としてとらえられた人間の実存のあり方が、さらに死によって規定されている人間の生のイメージと結びついてくるわけです。連関をもってくるわけです。「人間は何に関心をさし向けているか。先だってある自分自身のあり方にさし向けられているのである。先だってあるというのはどういうことか。これは死から規定されているあり方としてである」というように、ハイデガーの頭の中では論理がつながっていったのだと思います。

次の引用もたいへん難しいのですが、おそらくそういうことを言っているのだと思います。ここではこれまでの1、2と3、4とが結びつけられています。

> 5　死は、端的な現存在不可能性という可能性である。

要するに、死は可能性、「有る、有り得る」ということを表しているのですが、それは現存在の存在が不可能になるという可能性のあり方です。これはまあ、当然そういうことになるでしょう。

> 5（つづき）　そのようにして、死はそれ自身を、最も自己的な、没交渉な、追い越し得ない可能性として、露わにする。そのような可能性として、死は或る一つの卓抜な仕方で差し迫っているものである。それを可能にしている実存論的可能性は、現存在が本質上彼自身に開示されて有り而もそれ自身に＝先立ってという仕方で彼自身に開示されて有るということ、このことに基づいている。関心の〈それ自身に＝先立ってという〉この構造契機は、それの最も根源的な具体相を、死への存在に於て得るのである。

難しいですね。先ほど言ったようにゾルゲ、関心としての人間のあり方、そしてその関心というのを自分自身に先立ってあるあり方にさし向けられたあり方、そういう構造を人間存在、現存在というのはしているのだけれども、それ自身に先立ってというあり方が具体的に何から規定されているかというと、それはいちばん根源的には死に向かっている存在なのだ、死への存在というあり方から規定されてきているのだということなのです。

このような下手な引用と説明では、なかなかハイデガーの真髄にまで迫れたかどうかはわからないのですが、死についてはそういうことを言っています。

日常性を照射するものとしての死

第一講で、プラトンやエピクロスや仏教を例にとってお話してきたように、人間は歴史上、死という特殊な事柄に対してさまざまな物語を編んできました。ある場合には、来世の信仰というかたちで編んできたわけですし、ある場合には、「死なんてことは考えないほうがいい」と心に決めて、死を忘れるために快楽にふけるというような生き方をしてきた人もいます。そういうふうに、さまざまな死に対する対応の仕方を人間はとってきましたが、端的に言うと、ハイデガーはそういうさまざまなあり方を否定するわけです。要するに、死について勝手な物語をつくってはいけない、勝手な理念をつくってはいけないし、死から逃げようとしてもいけない、そういうことはいくらやってはみても本来やりおおせないようにできているんだと言ってるわけです。

　これは私も賛成です。ハイデガーのいい着眼点だと思います。竹田青嗣さんなども言及されていると思いますが、神とか来世のような物語によって死からの救済を図ったり、死をいっとき忘却することで不安からの逃避を図るのではなくて、この閉じこめられた生、実存の内側から死というものに向き合うことをはじめて提示したところに、ハイデガー思想の価値があると思います。

　では、来世信仰とか、死の忘却とかいったそういう勝手な物語をつくらないようにするにはどうするかというと、以下のようになります。

> 6　ただ、終末が現存在の平均的日常性の内に入り込んでいる有り方、そういう有り方を予め存在論的に特色づけて置く（必要がある）。

と、ハイデガーは提起するわけです。これは私もすごく賛成で、その通りだと言いたいのです。そのことのためには、

> 6（つづき）　日常性の……諸構造を全き仕方で歴々と眼前に現わし出すことが必要である。

と言っています。ハイデガーは日常性の生き方を「ダス・マン」と呼んで、「ひとと、、してのあり方」と言っているわけですが、この「ひ、と、のあり方」を死についての言及よりも前に、「歴々と眼前に現わし出」しているわけです。この「ひと」というのは、噛み砕いて言うと、「世人」とか、「一般人としての人間」というニュアンスになります。そこでの叙述と、死についての叙述との関連ということが次にだんだん出てくるわけです。

6（つづき）　死の実存論的分析の内には死への存在の実存的諸可能性が一緒に鳴り出てくるということ、このことは、一切の存在論的研究の本質の内に含まれていることである。

「死への存在の実存的諸可能性」という表現ですが、「死への存在」はここではほとんど「人間」と言い換えていいわけです。ですから、人間の日常性におけるさまざまな生き方、あり方は、死を実存論的に分析していけば、そこに一緒に出てくるのだということです。

いかにも厳めしい、厳密性の神にとりつかれているような言い回しですが、多分このような言い回しをしなくても言いたいことは言えるのです。わかりやすい言い方で言うほうがもっと難しいかもしれませんが、できるはずです。それはともかくとして、死と日常性の関係について、ここまでは私はまったく賛成です。つまり、日常性の中でどのように人間の死が生きられているのか。死への存在である人間が、その死から規定されてある生をどういうふうに生きているのかということです。それは死の実存論的分析をしていけば全部出てくるのだということですが、その通りだと思います。

さて、ハイデガーはその日常性をどういうふうに見ているかということですが、ここから私は自分の考え方とは違うというか、違和感を抱くのです。ハイデガーは、「ひと」というのを現存在と言わないでわざわざダス・マンと呼んで区別するわけですが、日常的には現存在は、「ひと」というあり方に「頽落している」という言い方になります。頽落しているというのは、好奇心の中に埋没していたり、共同で群れ集って空話にふけるというあり方、それから、自分自身や自分をとりまくさまざまな存在のあり方に対して、「本当」をつきとめようとしないで、曖昧性のうちに流れていくというものです。つまり、空話と好奇心と曖昧性のうちに安住しているあり方が頽落というあり方です。

死の分析から照らし出してみると、それは死に対する不安から絶えず逃避しているということであって、それは現存在の非本来的なあり方だということになります。言ってみれば、ハイデガーは、「ひと」のあり方、われわれの日常的なあり方をかなり辛辣に、批判的に見なしているということなのです。

死に対するかかわり方としては、この頽落がどういう現象の仕方をするかというと、ハイデガーは三つあげています。「誘惑」と「気安め」と「疎外」です。原文を簡単にまとめてしまいますが、まず誘惑というのは、

「死を現実的なもの、いつもそこにあるものと公言することで、死の最も自己的なあり方、可能性としてのあり方、没交渉で追い越し不可能なあり方をかえって隠蔽するよう誘惑する」というわけです。

隠蔽とか覆蔽とか言っていますが、そういうように、お互いに誘惑し、誘惑し合うわけです。また、「死んでいく人と自分とに、死を免れるであろうという不断の気安めを配慮する」とも言っています。

癌告知を避ける場合などは典型的ですね。つまり、癌であることを告知しないで、「大丈夫よ。すぐに元気になるわよ」というように、不断の気安めを配慮するということです。相手に対する気安めは、相手の気を安めるという目的をはたすだけではなくて、当然、慰めている人自身に対する気安めでもあるとハイデガーは言います。さらに、「死に対して超然とした無関心な態度を形成することで、死に対する本来的なあり方から自己を疎外する」とも言います。

この疎外するあり方は、前回、ショーペンハウアーの、普段から人というのは死に対する恐怖などは持っていなくて、平気で生きているのだからそれでいいんだというような論理を紹介しましたが、それにちょうど相当すると思います。超然とした無関心な態度を形成するということです。ハイデガーはそういうような死を忘れるあり方というものが我慢ならないらしく、どうも、これではいかんのだと言いたいらしい。その点については、あとで私自身の考えを述べようと思います。

こういうようにわざと無関心であったり、死から逃避して死に向き合うことから逃れている、そういうことはかえって自分を喪失することなのだと言っているのですが、そういう頽落しているあり方においても、死を関心の的にしていないのではなくて、それこそは「ひと」というあり方に固有の関心の持ち方なのだということも言っています。7はその引用です。

> 7　ひと自身もまたその都度既に、死への存在として規定されて有り、ひとが明らさまに「死に思いを致すこと」の内に動いていない場合でも、死への存在として規定されて有る、ということである。現存在にとっては、平均的日常性に於てもまた、この最も自己的な、没交渉な、追い越し得ない有り・得ることが、たとえ彼の実存の最極端の可能性に対抗して或る煩わされざる無関心を配慮するという様態に於てであるにすぎないとしても、不断に関心の的になっている。

この「自己的な、没交渉な、追い越し得ない」という長たらしい修飾をしてある「有り・得ること」というのは、「死」のことです。死を実存論的に規定すると、死というのはもっとも自己的で没交渉で、追い越し得ないあり得ることだということです。先に行きますとまだこれにあと二つぐらい修飾語がついてくるのですが、ともかくハイデガーが言っている死というのはこういうものだということです。

要するにここで言いたいことを簡単にまとめるなら、絶えず死の不安から逃れようとして、疎外の状態になったり誘惑し誘惑され合ったり、あるいは気安めを配慮したりしている、そういうあり方そのものにおいて、実は死というものを不断の関心の的にしているということです。それが「ひと」の頽落したあり方だということです。死を忘れているというのは、忘れているという仕方で死を関心の的にしているんだという言い方ですが、ちょっとへ理屈みたいなところがあります。けれども、わかるところはあります。それぐらいに死というのは深く人間を規定しているのだというのがハイデガーの言いたいポイントだと思えばいいわけです。

いま言った「ひと」のあり方というのは非本来的なあり方ですが、ではこれに対して「本来的なあり方」とはどういうあり方かということになります。それは、「現存在の最も自己的な没交渉な確実な、しかも確実として不定な、追い越し得ない可能性」である死から目をそむけずに、その可能性のうちへの「先駆として自己自身を開示すること」だというのです。「先駆け」というのはダイナミックなイメージで、自分の気持ちを死の方に前もって持っていくというようなイメージです。そういう先駆けとして自分を自分に対して開示することです。必ずしも開示するという言葉を使っているのではなく、もっと持ってまわったようなさまざまな言い方をしているのですが、単純化しますと、いま言ったようなことです。

要するに、死の人間的意味を真正面から受けとめて、それが強いてくる根源的な不安ごと引き受けましょうということだと思うのです。このことをハイデガーは覚悟性という言い方で表現しているわけです。あらかじめの覚悟性を持つことによって、そこに死に向かい合う態度が開けてくるし、そこに開けてくる自分のあり方のうちに、人間の本来性を認めようということだと思います。そういう具合に、ハイデガーは「死とは何か」ということと、「人間の本来的なあり方」を結びつけ、その地点から、日常性を照射すると同時に批判するわけです。

ハイデガーの〈死〉の概念の自閉性

さてこれから先、私のハイデガーに対する違和感について述べたいと思います。まず、ひとこと口の悪い言い方で片づけてしまうとすると、彼の言っていることは要するに坊主くさい、抹香くさいわけです。抹香くさいと言うのは、私がハイデガーにふれたときに、特に「死」に関してはもう少しいいことを言っているのではないかと本当は期待していたのですが、ちょっと期待外れだったという感想を持ちました。確かに人間存在のあり方をこれまでにない独創的な仕方で解明しているという意味では、きわめてすぐれた哲学者です。しかし私がいちばん違和感を感じたのは、死と日常性との関係について述べた部分なのです。これだと、二十世紀最大の哲学者で、無神論的な実存主義の立場と言われているハイデガーも、キリスト教倫理主義の枠組みからそんなに抜けていないのではないかという気がしてしかたがないのです。

もう少しそのことを具体化して言っていきたいと思います。ハイデガーは日常性として私たちが生きているあり方を、死からの逃避とか回避とか「自己喪失したあり方」とか位置づけるわけです。言ってみれば、「本当ではない」、「あるべきではない」、「より真実から遠い状態」というようなイメージで考える傾向があります。こういうふうに言ってしまうと、「いや、おれはそうじゃない」と、ハイデガーはたちまち反論してきそうな気がします。

それで、ハイデガーの名誉のために、そうではないと言っているところをあえて引いてきました。別のところでこう言ってるわけです。

> 8　従って現存在の頽落性は、或る一層清浄にして一層高い「原状態」からの「堕落」として解されてはならない。

「ひと」としてのあり方というのは別に堕落ではないのだということです。高いところから低いところへ落ちたということではないのだと言っているわけです。もう一つ、こういうのもあります。

> 8（つづき）　頽落の存在論的＝実存論的構造は、もしひとがその構造に、或る劣等な嘆かわ

しい存在的性質而も多分人類文化の進歩した諸段階に於ては除去され得るであろうような存在的性質（引用者註―つまり歴史的に乗り越えられるような）という意味を添加しようとするならば、また誤解されてしまうであろう。

このように、かなり周到に歯止めを置いています。「私の言っている頽落というのは、堕落ということとか文明の低い状態とか、そういうことではない」と必死で言おうとしているわけです。しかしながら、ハイデガーはやはり語るに落ちているというべきです。それは、使う用語に端的に表れていると思います。私はドイツ語の原語はわかりませんが、一応、翻訳がこういう訳語である以上は、その訳語のニュアンスというものを手がかりにして判断するしかないのですが、彼は、日常性がどういうあり方をしているかということを形容するために「頽落」の「落」、「自己疎外」「喪失」「非本来性」「隠蔽」「覆蔽」「逃避」といった用語を、やたら使いまくるわけです。そういう言い方をするということは、人の日常性というものを、より真なる状態からの副次的な派生形態、あるいは劣位にある転落形態として型どっているとしか思えないわけです。

つまりこれは、人間の普通のあり方をより本来の状態から転落した状態というように位置づける一種の垂直的な思考方法です。この思考方法はとてもキリスト教的であると思うし、また倫理的な特性を示しています。倫理的であることはいいことであると思う人もいるかもしれませんが、この場合は私はあまりそうは思わないわけです。私は、倫理というものは人間が必要に応じて仕方なくつくるものであって、もしなくてもすませられるものならば——そんなことはあり得ないのですが——ないほうがいいと思っています。もう亡くなったのですが、詩人で詩論家でもあった菅谷規矩雄さんという方がいましたが、この人はかなりハイデガーに深くかかわり、遺作の中で「人の日常性を頽落として位置づけるハイデガーの位置づけ方というのは倫理的な自閉があらわである」という言い方をしています。私もそう思います。すごく自閉的なのです。

私がこのことで言いたいことは二つあります。一つはハイデガーは、日常性が死によって規定されているあり方を、そのものとしてありのままにとらえているのではないのです。彼は、「本来的あり方」と「日常性」との関係を、価値判断的にとらえてはならないと周到に断っているにもかかわらず、やはり価値判断的なニュアンスを込めて語っている。それは、ハイデガー自身が厳密に排除しようとしていたはずの、人間の生を特定の物語で語ろうとする語り方、つまり非現象学的な語り方です。そういう非現象学的な語り方をどこかで導き入れている、キリスト教的な倫理物語のようなものをどこかで導き入れているのではないか。これは、ハイデガーが貫こうとした方法的な前提から考えても不純なことではないかと思うわけです。

それからもう一つは、これは端的にこう思うのですが、普通の人の生き方の日常性というのを、ハイデガーのこのとらえ方ではけっして肯定できないのです。それを否定的に見るしかなくなってくるわけです。私は、普通の人の日常性というものを内在的に肯定できない思想には与みすることはできない、それをよしとすることはどうしてもできないのです。どこかに普通の人の日常性を肯定していくような契機が、思想の中にはらまれていなければ、そういう思想というのは極端に言えば、みんな駄目なんだと思っているところが私にはあって、ハイデガーもそれから逃れられていないという気がしてしかたがないわけです。「坊主くさい」と先ほど言いましたが、ハイデガーの思想は、端的に言って、キリスト教にいちばん代表される僧侶主義的な大衆批判、つまり精神的な高みへ自分を自己疎外して、そこから現世の堕落を嘆いてみせる態度に道を開いていく傾向を持っていると思います。けれども、敵もさるもので、そう単純ではないのですが、どうもそういう匂いが拭いがたくあります。それが、ハイデガー哲学の一つの難点です。つまり、日常性というものを死からの逃避とか回避とか、本来的なものを隠蔽するあり方というふうに、より劣位なものとして見るという見方はこの人の哲学の難点だと思っているわけです。

さらにもう一つ、先ほど示唆しておいた点をつけ加えますと、これはまずいのではないかと思うのは、他人の死を経験不可能なものとして、死の本来的な意味からあっさり放逐してしまうことです。

他人の死はあくまで他人の死であって、それを自分の死として経験することはできない。これはその通りですが、しかしでは他人の死は自分の死と何のかかわりもない、自分の死に何ら意味を与えないようなものでしょうか。私はそうは思いません。他人の死に出会うことは、「私もいつかあのように死ぬ」ということを知らせる唯一の媒介をなしています。他人の死によってこそ私たちは、死とは何かを知るのです。そのように、他人の死を私たち自身が生きるという生き方を私たちはしているところがあるわけですが、ハイデガーは、そういう生き方を現に私たちがしているという事実に蓋をしてしまうわけです。死とは何かを定義づけるときに、全き個人的なものとすることによって、他人の死の了解可能性を断ち切ってしまいます。「最も自己的で没交渉である。そして他人がそれを代理することは不可能である」というふうに死を特徴づけることによって、私たちが日常性の中で、他者の死を生きる、他人の死によって自分の生が逆に照り返されて意味づけられていく、そういう生き方を私たちがしている事実に対する眼差しを封じてしまうわけです。これまた、「いや、おれはそんなことない」とハイデガーは言いそうな気がします。たしかにハイデガーの「現存在」というとらえ方の中には、「人間が共に生きる」という規定が入っていることは入っています。ですから、「おれは言ってるぞ」とハイデガーが言いそうな気がしますので、ここでもまたハイデガーの名誉のために、そういうことを言っているところを引いてきました。

9　共に有ることは、他人が事実上直前に存在しておらず知覚されていない場合にもまた、実存論的に現存在を規定しているのである。現存在が孤りで有るということもまた、世界の内で共に有ることである。他人が不在であるということは、ただ共に有ることの内でかつ共に有ることにとってのみ、可能である。孤りで有ることは共に有ることの失陥的様態であり、それが可能であることは却って、共に有ることを証拠立てている。

と言っています。これはなかなかいい文句で、よく納得できると思います。先ほど、増田みず子さんの例をあげて言ったことと似ています。つまり、現存在という規定の中には、現存在はそれだけで独在する存在ではなくて、たった一人でいるときにも世界のうちで他の人間と共にあるということが本質規定として入っているのだと言っているのです。他人と向き合ってなくても、たった一人で孤独な寂しさをかみしめている場合でも、その孤独であるという一種の欠落状態、欠損状態において、人は本質的には共現存在、共にある存在なんだということをはっきりとうたっています。これは、まさしく私はその通りだと言いたいのです。しかし、これらの言葉にもかかわらず、ハイデガーは、死を規定するところでは、死をもっとも自己的、没交渉的な可能性ととらえることによって、他者の死によって個人の生のあり方もまた照り返されて規定されている、そういう常に他人の不在を生きている個人の生の現実性を追放してしまうわけです。

他人の死によってこそ自己の死も了解される

他人の死は自分の死とは関係がないんだ、他人の死を経験することは自分の死についての認識を深めることにはならないんだというような断ち切り方をするところに、ハイデガーの思想の特徴があります。それに対して、私は異議を唱えました。そのことをこちら側からもう少し積極的に言ってみます。他人の死しか経験できないという否定性、消極性は、決して人間が死について持つ認識の欠陥状態を語っているのではなくて、同時に自分が死ぬという積極的な知の不可欠の構成要件であると考えることができるのではないかと思うのです。

私たちは、「人は他者の死しか経験できない」と否定的に語ります。しかしそれは実は裏側から自分の死に対するあるたしかな自覚を語っていることではないのかと思います。そこの論理的脈絡は難しいのですが、こんなふうに考えてみたらどうでしょうか。

この場合の自分の死というのは、死という現象が自分の意識を超越しているという、そのことです。それからまた、意識そのものの消滅、永い眠りであるという事実を意味します。同時に、その自己の意識の消滅は、他者との関係性の消滅、少なくとも、これまで会っているような仕方では会えなくなるような、永い「別れ」をも意味しています。だれもがこういう死のイメージを多かれ少なかれ抱え持っています。死って要するにそういうことでしょうと言ったときに、確信をもって異議を唱えられる人はまずいないと思います。

さて問題は、それならそういう死のイメージを、人はいったいどこから手に入れてきたのかということです。それは、他人の死にめぐり合うという経験や見聞がなければ絶対に不可能なのです。ここには人間存在にとって根源的な「共観の構造」があります。他人の死を見たり他人の死について聞いたりするまさにそのこと、それを私たちはただちにわがこととして引き寄せて理解しようとする特性を持っています。他人の身に起きたのとまったく同じことがやがて必ずわが身にも起きるという確実な可能性の認識を私たちは手にする能力を与えられています。

ハイデガーは「死とは最も自己的な、他と没交渉なできごとだ」と言う。ではハイデガーはどこからその認識を得てきたのでしょうか。彼もまた、他人の死についての見聞からそういう確信を持ったにちがいないのです。また私たちがハイデガーの言葉を聞いて、そうだ、そうだと同意する。ではなぜ私たちは同意できるのでしょうか。それもまた、他人の死を見ていて、それが「最も自己的で他と没交渉な」性格のものであると感じとり、しかもそれが自分の場合にもまったくそのままあてはまると確信できるからに他なりません。つまり、たしかに人はそれぞれ他人と交換できない「この私の死」を死ぬのですが、それぞれがそういう死を死ぬということについて互いに共通の確信を持っているわけです。だから、他人の死と自分の死の間には絶対的な隔たりがあるということをことさら強調することにはあまり意味がないのです。

また、自分の死の不可知性を根拠にして、いろいろなことを言う人がいます。死後の世界が存在するとか、死んでも意識は残るかもしれないというようなことをしきりと言う人がいるのは事実です。しかしそういう人がそういうことをあえて言いたがることそのものが、死という事象を特別視している証拠であって、彼らにとってもまた、死と生との間には、何かしら決定的な「分け隔て」が存在するということが感知されていることは確実なのです。感知されているということは、自分の運命としてすでに引き受けているということと同じなので、それはつまり、他人の死を通じて自分の死とは何かということも本当はわかっているということだと思うのです。私たちは死というのはわからないのではなくて、あるわかり方でわかっているのだということです。死というものが永遠の別れであるし、もはや互いに会えないということであるし、そういうことというのは自分の生に引き寄せてわかっているのだということです。しかも、死をわかるきっかけというのは、他人の死を目の当たりにするということしかないわけです。

他のところからたとえを引いてきましょう。例えば夢という現象があります。夢と現実の違いということは昔から哲学や心理学の課題なのですが、なかなかうまく言い切った人はいません。いろいろ論理的に疑っていくと、いまここで私が存在して話をしたり皆さんとやり合っているという現実というのは、実は夢かもしれないという疑いは絶えずあるわけです。論理的には絶えずそういう可能性があるわけです。この世の中には、そういう言い回しをする人がいっぱいいます。有名な例では、『荘子』の中の「胡蝶の夢」というのがあります。荘子が夢の中で蝶々になってあちこち自由に飛び回ったけれども、夢から醒めたら日常にしばりつけられている自分を見出した。だけど、蝶の自分の方がほんとうで、今の自分の生の方が夢かもしれないというんですね。

しかし、メルロ＝ポンティが『知覚の現象学』という本の中で、「そういうことを言う人はいるけれども、そもそもこの現実はもしかすると夢ではないかとか、あるいは夢と現実との境はないのではないかというような言い回しをすること自体、人間は現実というものの存在の確実性について知っている証拠である」という意味のことを言っています。そもそも、現実と夢との違いは何だとか、そういう問いかけをしたり、あるいは、今のこの現実はもしかすると夢かもしれないなどと言ってみたりする。そういう言い方をすること自体、現実というものに対する、ある確固たる確信があってのことなんだ、現実とは何であるかがどこかでわれわれはわかっている証拠なんだ、とメルロ＝ポンティは言っています。「死は経験できない」とか「死後の世界があるかも知れない」といった不可知論的な言い回しが、じつは死に対するあるわかり方を前提としたもの言いなんだということ、そのことは、この「夢と現実」についてのメルロ＝ポンティのとらえ方とよく似ています。

もう一つ例をあげましょう。霊媒を通じて死んだ人と交信することができると言明する人がこの世の中にいます。「私は死者との交信が可能である。そういうことを信じている」と言う人がいるわけです。その信仰を笑おうとは思わないのですが、そういうふうに「信じる」とあえて言い表すことが、死というものが生とどのように違っているか、何が死であるかということを暗黙のうちに了解している証拠だと思います。そういう了解が前提されているのだと思います。なぜならば、私たちは、ふつうこうしてこのように生きている事実について、「私は生というものが存在することを信じる」などとわざわざ言わないからです。霊を「信じる」とか、死後の世界を「信じる」とかあえて言うのは、私たちが生の世界で自明なこととして経験している事象を、死の中にもそのまま持ち込むためには、現実的な根拠を欠いているということがひそかに了解されているからこそなのです。

「霊」や「死後の世界」などをわざわざ持ち出すのは、死が「特記すべき」「驚くべき」「注意を引くべき」事態だからであって、つまりそこには、本人がどれだけ自覚しているかは別にして、生と死とを確実に区別する了解基盤が存在するということを表しています。そういうある特別な存在とか概念をわれわれが考えること自体が、「死とは何であるか」とか、あるいは「死と生とは何が違うのか」ということをわかっている証拠だと思うのです。ただその「わかり」に対して生者の感情が納得しないので、いろいろな物語が作られるにすぎません。

つまり、経験可能性という意味では確かに他人の死、身近な身内の死ということしか経験できないのですが、まさにそういう「他人の死しか経験できない」と言っていることで、本当は死というものが何であるか、自分の死というのはどういうことになるのであるかというのをちゃんと知っている。それは生と死について考えるための一種の〈地〉のようなものを作っているということです。ある死についてのわかり、了解というもの、私たちの共通了解というものが本当は地としてあるわけです。その地の上に、いろいろな思考、概念、いい表しというものを私たちが描き出しているということではないかと思います。

死の認識が言葉の根拠をかたちづくる

それから、もう一つ言っておきたいのは、他者の死、他者の不在、身近な相手が死んでしまうとか、あるいは相手がいなくなるという経験こそ、私たちに唯一許された死の経験なのですが、そのことは、人間が「共同存在」を本質としていることの裏側からの保証になっているということです。死が他者経験としてのみ、同時に自己経験でもあることは、私たちが本質的に関係的な存在なんだということを裏から保証していると考えられます。

前回、人間というのは思ったよりも早い時期から死すべき運命ということを自覚する動物らしいというお話をしたのですが、そういうふうに他者の不在とか他者の死というものを幼児期から経験して、その意味を知るということは、関係的な存在としての人間が人間としてあり得る不可欠の条件であると思うのです。そういう意味では、ハイデガーの言う「死は現存在があるやいなや彼が引き受けるある一つのあり方である。人間は生まれたときから死ぬに足るほど老いている」という言い方はよく当たっています。

ここで人間はどうして言葉を交わし合う動物なのかということを考えてみましょう。この前もそれについて述べたのですが、「人はなぜ言葉を交わし合うのか」という問い自体、そんなことを考える必要などないと思わせるほど、当り前に感じられます。よく言われるように、言葉を交わすことは人間の人間たるゆえんだからです。しかしまだ言葉をしゃべれない赤ちゃんと母親との結びつきを考えればわかるように、言葉以前の感情的なつながりというのを人間は持つことができます。恋人同士のように深くわかり合っている間柄では、余計な言葉はいらないということもありますね。言葉は人間が必要に応じてかなりの努力をして作り上げた文化的な体系ですから、当然、その前提にはそれが使われていないままに人間どうしがある通じ合いを経験している状態、気分を共有している状態というのが想定されるわけです。

なぜそういうことを考えるかというと、私の中には、もし人が、わざわざ言葉を交わさなくても情を通じ合えるとしたら、そういう状態の方が、言葉を使わなくてはならない状態よりも、より幸福に近いんだという考え方がどうしてもあるのです。言葉抜きで融け合っていれば、エロスがいちばん満たされているいちばんいい状態ではないかという理念があります。乳幼児期の幸福な母子関係のような状態が理想的で、言葉というのは次善策だ、必要悪だという感じを私は持っています。そんなことはできっこないのですが、もし言葉なしですませられるならば、本当はいちばんいいと思います。

しかし、人間はどうしても宿命的に言葉を持ってしまう。言うまでもなく、言葉を話すということは人間が社会性を発展させていくための能力の実現、能力の発揮を意味します。それはもちろんその通りなのですが、しかしそういう能力の発揮という面だけで言葉を見ないで、もう少しちがった観点からながめる必要もあると思うのです。人間は本当は言葉なんか持たない方がいいのに、持たざるを得ないようなあり方をするから宿命的に持つのである。そこには一種の挫折があるのだと考えられます。

なぜ言葉の獲得を一種の挫折とみなさなくてはならないのか。それは言葉というものの持ったいへん厄介な、両義的なはたらきを考えてみるとわかりやすいかもしれません。言葉を発することは、発せられる前の互いの関係や自分の情緒の未分化な混沌の状態をある固定的な形に確定することを意味します。そこに、通じさせるべきであったものが見事に通じるという側面がある反面、その行為によって、かえって事態がこじれるということも私たちはしばしば経験します。言葉はそのつど状況の再構成であり再創造ですから、それまで共有されていた状況を多かれ少なかれ変える力を持つ。そのために場合によっては現実をねじまげるとか、言わない方がよかったのにせっかくの共同関係をぶちこわしてしまうといったことも頻繁に起こってきます。

ところで、これはなぜかといえば、言葉が常に他人と自分との距離感覚を無意識のうちに確立する実践に他ならないからです。言いかえますと、言葉は、それを発した当人を、そのつどその相手とはちがった独立した個人として立てるはたらきをします。他者に向かって発せられた言葉が反作用して、たえず自己意識を再確立させるわけですね。「おい」と呼びかけることによって相手への道が通じると同時に、そのことでまさに発話せる主体というものが自分にとってはっきりする。そのはっきりする自分というのは、他者と身体的に切り離されてある自分ということなわけです。ですから人は、言葉の駆使に熟達すればするほど、それだけ共同性への参加者としての資格を得ると同時に、一方では「他とはちがった自分」「しっかりした個」というものを明確に持つことにもなるわけです。

つまり人と人とが、身体と身体としてばらばらに切り離されてあるということを深く確認するからこそ、言葉の必要性が生まれてくるのだし、その確認の深さの上に立って、人はようやく言葉というものを、お互い同士が新しくかかわり合う力として獲得できるのだということです。言葉というものは、宿命的に獲得せざるを得ないものなのですが、その獲得の背景にはお互いが離れてばらばらである、空間的にも時間的にもばらばらである、そういうことの無意識的な確認の過程がまずあります。

その確認は想像以上に早い時期に行われます。確認が早い時期に行われるというと、「そんな小さい子が、そんなことを考えるわけはない」と思うかもしれないけれども、それは「考えて」行っているのではなくて、どうしようもなくそうしてしまうのだということです。私たちはすでに当り前のように言葉を駆使しているので、幼児の言語獲得過程で何が行われているのかがよく見えないのですが、本当はそういう確認というのは人間は相当早い時期に無意識にやっているのだと思います。

例えば、おじいさんやおばあさんが死んだりする。あるいは実際の死にめぐり合う場合ではなくても、お母さんが出かけて長く帰ってこない。そういう身近なエロス的な他者の不在状態を幼い時期から確認していくことによって、同時に自分も同じようにいなくなることがあるということがわかるわけだし、そういう自分と他者というものがついにばらばらであるという確認を自分の生きていく条件として繰り込んでいくことによって、言葉を自分が使わねばならないということの意義が見出されてくるのだと思うのです。このように私は、「死すべき存在」としての人間規定と「言葉を持つ存在」としての人間規定との間には、深いつながりがあると考えてきました。

これと同じような視点にハイデガーはたどり着いている気がしなくもないのですが、彼の場合、「共現存在」、つまり人間が共にあるあり方の規定と、「死へ向かっての存在」としての人間の規定との結びつけが不徹底だと思います。つまり、人間として共にいることという前提を踏まえた上での死の生きられ方、そのことに対する追求が不徹底だという気がするのです。唯一共にいることからだけ、人間というのは自分の死というのを了解できる、死の了解の手だてはそこしかないと私は思っているわけです。そうだとするならば、自分の死の代理不可能性や経験不可能性は、実は他者の死についての了解によって十分に補われて余りあるということができると思います。

西欧的死生観の限界

私たちは、自分の死を人に代わってもらうことはできないし、人の死を代わってあげることもできないのですが、死とはまさにそういうあり方として私たちにやってくる他ないものです。とすれば、そのことがすなわち死ということなのであって、それは、死が了解できないという消極性を表すこととはちがうのではないでしょうか。私たちは人の不在や人の死をつぶさに「生きる」ことにおいて、すでに自分の死をも先取り的に十分に「生きて」いるのだとは言えないでしょうか。そういうことをハイデガーはどうもないがしろにしているようなところがあるという気がします。

そういうようなことをずっと眺めていくと、この現代最大の哲学者であるハイデガーもまた、キリスト教的倫理世界が二千年の歴史の中で抱えてきた共通の難点を背負っているのではないかと思います。要するに、そこに見られるのは、偏った個体主義的人間観ということです。「共現存在」、共同としてあるあり方というのが人間の本質だと言っていながら、「死へ向かっての存在」という規定で人間理解を進めていくときには、どうしても「共現存在」としての人間のあり方とのリンケージができなくなってくるところ、ひたすら孤絶したものとして個人の死をとらえようとするところがあります。

別の見方をすれば、それは徹底的な言葉中心主義だとも言えると思います。このことは、例えば癌を告知することが個人にとって無条件にいいことだという欧米的な価値観とつながっているように思います。死に面したときの個人の尊厳を尊重するためには癌を告知した方がいい、癌を告知することによって本当にその人が神と単独で向き合い、そうすることで個人としての生の尊厳が最終的に守られるのだというような価値観と一脈通じるという気がするわけです。

ご承知のようにキリスト教というのは、世俗の共同的なつながりを観念的にいったん否定して、神の前にみんな裸の個人として向き合うということをもっともよしとするわけです。これにはいろいろな考え方があって、そう単純に言いくくれないとは思いますが、特にプロテスタント系のキリスト教的な精神というのはそういうところに中心軸があります。そのキリスト教的な神と個人との向き合いというのが、言葉を換えていけば、ハイデガーが死の先駆的な覚悟性とか本来性とか言っていることに通じると思います。彼は、「本来性」の立場に還って死の不安と真正面から向き合うと良心の喚び声が聞こえてくるというのですが、この「良心の喚び声」というのは結局キリスト教的な神のイメージに近いものと考えられるでしょう。死んでいくときには一人なのだから、自分のそういう運命をたった一人で見つめていくということですね。

一方、告知というのは言葉によってお医者さんから宣告を受けることですが、それは神からの宣告と同じ意味を持っているわけです。神から「おまえの運命はこうだ」と、バシッと言葉で宣告されて、その言葉を最後の拠り所にしつつ、自ら覚悟性を深く踏まえながら果てていくというような、ただ個人としてのあり方を尊いとする価値意識をあらわしています。キリスト教の場合、死に臨んで、そのように世俗の穢れを洗い去って、罪を悔い、裸の個として神に向き合うことを求めるわけですが、その代わり「永遠のいのち」という一種の精神のパンを約束します。しかしこれがどうも観念的な空手形にすぎないことは、近代以降はだいたい気づかれているわけで、かえってこの世俗否定のモチーフが孤独とニヒリズムを深める結果になっていると思われます。これは、逆に日本の庶民の生き方をどうみるかという問題にも連なる問題で、話が長くなりますからやめておきますが、私はそういう西欧伝来の「個の自立」的価値観を必ずしも最高のものだというようには思わないのです。そういうところから西欧的な考え方を批判していくことが可能ではないかと思っています。

不安の根源はやはり「死すべき存在」としての人間にある

そういう比較文明論的な問題とは少し視点を変えて、「永遠のいのち」とか「良心の喚び声」などを持ち出さずに、死すべき存在としての私たち自身をとらえ直す仕方はないでしょうか。ハイデガーが提出した「人間というのは死によって規定されてある存在なのだ、死へ向かっての存在なのだ」というとらえ方を逃れられない人間的な実存の条件として受け入れた上で、しかもハイデガーのように日常性に対する批判者的な位置というところに陥らないようにするにはどうしたらいいかということについて考えてみたいと思います。それを簡単に言うと、この世界に「ひと」としてある普通のあり方を肯定するにはどうしたらいいかということなのです。

いまのところまだ発展途上ですが、私が出している答えは、単純にキャッチフレーズ的に言ってしまうと、「死が人の生の中にあまねくばらまかれてあるという立場を徹底させていったらいいじゃないか」ということになります。それは、私たちが思い描く事実としての死、老いぼれて惨めになって死んでしまうというあの死、そういう終末としての死というものが自分の身近に絶えず迫っているというイメージとは違います。そういうふうに考える必要はありません。もっと構造的に、死の規定性というものを考えていくことができるのではないかと思います。私たちは日常的にいろいろなことをしたり感じたりしている。そういう、したり感じたりしているあり方そのものが、具体的に死というものを私たちが知っていることからきているのだというふうに考えていけるのではないかと思っています。

それをハイデガーはやっていないかというと、あるところまでやっていると思います。それは「根源的情態性」と人間を位置づけるところです。これは人間が絶えず気分づけられているということです。その気分のいちばん根源的なものは不安という情態です。先ほど例に出した萱谷規矩雄さんは、これを「いる」ということだと言っています。これもなかなか意表を突く言い方なのですが、萱谷さんは、ハイデガーの存在論的命題の一番根本のところを、「ある」ということと、「いる」ということの違いとして追求しています。動物も「いる」という情態を生きていますし、場合によっては無生物的な自然も「いる」と呼べるときがあります。例えば、川が流れて「いる」というような時です。でもその中で、人間はいちばん「いる」という情態を生きている存在であるというわけです。ちなみにドイツ語には「ある」と「いる」を区別する単語がないのだそうです。全部、「存在する」になります。そういう言語的な制約のためにハイデガーは「情態性」、「気分づけられてある」、「現存在」、「先だってある」とか、さまざまな言い回しをして悪戦苦闘しているわけですが、これはわが文化圏では「いる」ということで了解できてしまうことなんだと萱谷さんは言っているのです。

もう少し言っていくと、人間存在というのは自分自身に先だってある。その先だってあるあり方に絶えず関心をさし向けているわけだから、そのことは不安な状態なわけです。不安と絶えざる気遣い、絶えざる配慮の中にある。いろいろな配慮、物に対する配慮、人に対する気遣い、顧慮、自分自身に対する気遣い、気がかり、絶えずそういう気がかりの中にある。そういう日常的な状態というものは、死へ向かっての存在という規定からきているというふうにハイデガーは言っているわけです。

これは、そのかぎりで正しいと思います。ただし、人間の不安を説明するのに、必ずしも死によって規定づけられているという実存条件をいつも持ち出さなくてもいいではないかという反論の成り立つ余地があります。そちらにもやはり耳を傾けるべきものがあります。もしハイデガーの言っていることを正しく受け継ぐとすると、不安な情態性ということを死と関係づけて理解するためには、先ほど言った、事実としての死というところだけに焦点を合わせるのではなく、死の概念をもっと思いきり広くとって、人間の生の中に構造的に根づいている死というような考え方をする必要があるような気がするのです。しかしハイデガー自身は、「覚悟性」とか「良心の喚び声」とかいった妙にモラリッシュな観念に引き寄せてこの関係を扱おうとしています。それは結局、死の規定性というせっかくの独創的なアイデアを、事実としての個人の死に個人自身がどのように立ち向かうかという倫理的な態度、「生き方」の問題だけにしぼり込んでしまっているように思えます。そうすると、実存的な不安が、本来どのような理路で死によって規定されているとつかむことができたのかという論理的な問題があいまいにぼかされてしまいます。ハイデガーのこのへんの論述は、私が読んだかぎりでは多分に直観的で、そういう論理上の弱点を感じさせる点がややあるので、そこに反論の余地が生ずるだろうと思います。けれど、「死によって規定されている人間の生」という概念を論理として徹底化して、「不安」という根源的な情態とこの概念との間にうまく脈絡をつけることができるなら、先ほどの反論は解消されるはずです。じつは私はそういう見通しを立てています。

例えば、サルトルなどは真っ向からハイデガーの死の哲学に対しては反対しています。サルトルは、まず人間を「自由な存在」と位置づけます。これを「対自存在」という言い方で特徴づけますが、「そういう自由な存在である人間にとって死なんてものはただの外的な偶然の事実である」と、きわめてあっさりと言い切ってしまいます。それ以上のことはほとんど言っていません。つまり、「死から規定されてるなんてことは、人間の自由の条件の中に入っていないので、死なんかについてくよくよする必要はない」ということを言っているわけです。サルトル、ハイデガーといえば実存哲学の二大巨頭のようにしてしばしば並び称せられるのですが、実はこんなに違います。死についての考えは、水と油のように違うわけです。

ハイデガーは死の自覚ということを人間の有限性ということにそのまま拡張して考えます。しかし、サルトルは、確かに人間は有限性を自覚する存在だけれども、その有限性ということは、むしろ人間が自由な存在である事実から割り出されてくることであって、対自存在が、自由であることによって逆に有限性を創造するのだというふうに考えるわけです。例えば、川に接したときに、動物ならこちら岸にとどまるだけなのに、人間は橋を架けようと発想する。そのように自由に自分の可能性を巡らせようとする力が人間にそなわっているからこそ、川の存在が自分を阻む有限な壁として見えてくるというような考え方です。そういう自由な存在である人間にとって、死なんてものはただの外的な偶然の事実にすぎない。そんなものは理解もできないし、死に対して武装することなんか人間はできるわけがない。サルトルの死に対する考え方は、ある意味で、あっけらかんとしてさわやかなのです。「明るい・暗い」という言い方をするなら、サルトルは明らかに明るく、ハイデガーは暗いという感じになると思います。ここらへんになってくると、「うーん、どっちの考え方も成り立つな」ということもわかるんです。けれども、私はやはりハイデガーの直観のほうが深いという気がします。

それから、例えば、これはハイデガーへの直接の異論というわけではありませんが、思想家の吉本隆明さんなどは、自己の不安は、母子関係のあり方から規定されてくるという言い方をしています。端的に言えば、母子関係が幸福であれば、人間はあまり不安なんか抱かないということになるわけです。また哲学者竹田青嗣さんは、やはり人間が持つ不安を死から意味づけてくるというハイデガーの考え方には懐疑的で、それよりは自我の価値下落とか自我の分裂とかのほうが根源的なんだと言っています。自我の不安が死の不安を越えてしまうことはありうるけれど逆はありえない、と言っていますね。そういうさまざまな異説があるわけです。どれもそれなりに納得ができます。

吉本さんは、人間が持っている不安は、幼児期の母子関係に原因があるという言い方をします。これはフロイトの考え方を踏襲したものです。また、竹田さんの「それは自己同一性の不安、自我の価値下落の不安なんだ、死なんていうのはそんなリアルなかたちで不安の中に出現してこないんだ」という考え方をします。これらは、それなりにわかるのだけれども、しかし私はそういうとらえ方をもうひと回り包み込むことによって、いや、やはりハイデガーのように、根本的にはそれは「死によって規定されてある存在」という実存条件から説明づけられるのだという言い方ができるような気がします。

つまりハイデガーの言いたかったことは、人間の情態性としての「不安」が、直接具体的に死についての不安だということではなくて、生が死に規定されてあるという実存の構造が、「不安」というあり方そのものを作っているのだということだと思います。言いかえると、死は人間の不安の中のある一つの内容として実存を規定しているのではなくて、不安という様態をかたちづくる一般的な形式として関与しているのだといいたいのだと思います。

例えば母子関係ということでも、母子が一体的に融合していた関係から、子どもが母親とは別の個体なのだということを自覚化していくときには不安が必ず伴いますが、そういうものはやはり個体と個体が分離するということによって生じてくる根源的な不安ですから、死という概念をうんと広くとれば、その広くとった範疇の中にそういう不安もすっぽり収まるというように考えることができると思います。また、自我の価値下落とか自我の分裂、自我喪失の危機こそが不安を説明しているという見方も、例えば自分が強い者から拒否されたりした時に、なぜそれを目いっぱい「心の傷」だとか「自我」という統一体の価値下落、これから先自分はもうダメなのではないかといった「不安」として受け取るのか、というふうに考えてみますと、それはやはり、ハイデガーの言うように、現存在が常に彼自身を超えて、自分が「それであり得ること」に関わりつつあろうとするからであって、その「あり得ること」の究極に死を展望しているからこそではないかと思うのです。というのも、動物だったら、縄張りを取られちゃったような時に、すごすご引っ込んで、余った空間に自分の生きる場所を探していこうとするでしょうが、そういう場所が見つかりさえすればそれなりに自足してしまって、おそらく人間ほど強く持続的な喪失感をキープできないと思うのです。

人間は自我の条件の変化を、いつも自分の存在の消滅と関係づけ、そこに過剰なといってもいいほどの意味付けを施してしまう存在ではないでしょうか。だからまた人間ほど豊かな情緒世界を保持する動物は他にいません。人間だけがたとえマイナスの情緒状態に落ち込んだ場合でも、その状況を逆にテコにして、未来における自分はどうあるべきかといったことを構想できるわけです。そういう意味で、ハイデガーの言っている「不安として気分づけられてある人間の根源的な情態性」が、死から規定されているという人間のあり方から来ているのだという考えは割合に肯定できる考え方です。私はそのこと自体はそれでいいのではないかと思っています。

生の創造者としての死

しかし、それだけでは日常性を生きる人間が死によってどのように規定されているかということを言い尽くすには足りません。死という実存条件は、人間が普通になにかやっていることの中にもっと構造的に照り返していると考えた方がいいのではないかと思われます。人間はさまざまな規範《コード》、社会的な規範《コード》、個人的な規範《コード》、愛し合う二人の間だけの規範《コード》もあると思いますが、そういうさまざまな規《コー》範《ド》を張りめぐらせて、その網の目に乗って生きているわけです。しかしそれら人間の普通の行為や営みを規定している基本原理は何かというと、割に単純に「何事かを企画する」ということと、「誰かと約束をする」ということに還元されてしまうのではないかと思うのです。何事かを企画するということと誰かと約束するということは、自分の生を構想的に生きるということです。構想的であることは人間の本質です。人間は、自分の生を設計し、構想して生きざるを得ない存在だということです。自分の生を構想的に生きるということは、あらかじめ構えることを意味します。これはまた、時間のただ中にたえず自分自身を置いて生きることでもあります。つまり自分の過去と現在と未来とを突き合わせながら生きるということです。ところでこうした構想的な生き方は、人間が自分自身の生の有限性というものを自覚しているからこそできるのだと思うわけです。

　ここも論理の脈略がわかりにくいと思いますが、わかりやすいたとえを言うと、先生から宿題を出すぞと言われて、「何をやるんですか」と聞いたら、「君の思うように自由にやりなさい。どうでもいいよ」と言われたとします。あるいは、「いつまでにやってくるんですか」と聞いたら、「いつでもいいよ」と言われたとします。そういうふうに、「いつでもいいよ」とか「何をやってもいいよ」というように仕事を与えられると、たちまち人間は何をやっていいかわからなくなって、永遠にその仕事はできなくなってしまうのではないかと思います。

つまり、人間は、時期を限るとか、仕事の射程範囲を限るということによって、はじめてその内部に立って仕事ができるのですが、人間の一生というのもそういうものだと思うのです。限られている生であることが深いところで自覚されているということが、人間の計画性を可能にし、人と約束して社会的関係を結んでいくことを可能にしているんだと思います。

人間が生きるというのは、時間の流れという観点から見ると、「過去である」ことと「未来である」こととの両方を、「彼自身がいまここにいる」という了解と確信の場にたえず出会わせることだと思うのです。私たちは「いまここにいる」という了解と確信を持って生きているわけですが、そういう了解と確信が成り立つために、人はたえず過去とか未来を引き寄せていると思うのです。ただし、過去とか未来とここで言っているのは、ただ永遠に続くのっぺらぼうな時間として抽象的に考えられた過去とか未来ではありません。その場合の引き寄せている過去や未来というのは、ニュートラルな過去や未来ということではなくて、もっと具体的な射程とかイメージを持った過去や未来だと思うのです。そういうふうにあらかじめ限定づけられた過去や未来だと思います。それはひと言で言うなら、その人固有のある具体的な「来歴」であり、ある具体的な「予期」です。私たちは「いま、ここ」という了解と確信の場をいきいきと生きることにおいて、それまでの「来歴」をすべて折り畳んで現在に持ち来たらせ、それにもとづいて、ある「予期」に身を投げ入れることによって過去と未来とを出会わせているわけです。

ところで、人間が何かを企画するとか人と約束をするということは、そういう過去性と未来性の「いま、ここ」における出会いがあってはじめて、できるのだと思います。つまり、何かを企画するとか人と約束するということは、自分にとってすでに親しいものとしてある来歴があって、その来歴からいまだ見ぬ予期へと跳躍、ジャンプすることなのです。それは、自分に親しい過去性、過去にもとづいた自己了解を未来に向かっての自己了解に組み直すことだと思います。そのジャンプは、無限で無重力な、何もない抽象的な空間に向かってただやみくもにジャンプするということではなくて、一定の射程とか一定の接近可能性をはじめから予定しているジャンプなのです。そういうジャンプしか人間はしないと思います。またそういうふうにしかジャンプできないのです。そしてそれは自分の生というものについての、ある見定めとか見極めというものをあらかじめ持っているからこそ、できることなのです。

自分の生に対するある見定めや見極めということは、同時に自分の死の可能性についての自覚ということと同じわけです。そういう死の可能性についての自覚を俟《ま》ってはじめて、具体的なジャンプができるということです。私たちがある行為をする、ある振る舞いをする場合に、それは永遠で無限定な時間性の中でそれを実行しているのではなくて、何かやるということは、自分が潜在的に自覚している有限性の自覚をたえず繰り込みつつ実行しているのだと思います。

例えばこういうことです。「来週の月曜日にどこそこでお会いしましょう」という約束をしたとします。約束は同時に一つの企画であり、企てることです。それは、当然現実的なものとしてこの社会に受け入れられています。だからこそ成り立つわけです。しかし、「一万年後にまたこの場所で会いましょう」という約束ははたして可能かと考えてみましょう。これはできなくはありません。しかし、それは観念とか空想の中でだけ可能なわけです。なぜ人間はそういうできもしない約束をするのかというと、それはロマンを持つからです。ロマンという切り取りの中で一つの比喩としてだけ可能なわけです。どういう約束や企画が現実に可能であって、どういう約束や企画が単にロマンチックなものに過ぎないかというようなことに対する、厳密な規範性というものを本当は人間は持っているのです。その厳密な規範性の中に人間の有限性の自覚、ハイデガーの言葉で言えば「死へ向かっての存在」という規定が深く入り込んでいると私は解釈するわけです。

それから、「一生のプラン」というものを立てる人がいます。すごく計画的な人と、すごく夢想的な人がいます。それから無計画の人もいます。新婚当時などは、三年ぐらいでお金を一億ためて、あそこに土地を買って素晴らしい家をつくってなどという甘い夢を思い描いたりします。ところが、そういう甘い夢を描く人に対して、あるいは、これから先のことをいろいろと計画を立てたりする人に対して、「そんなこと言ったって、明日交通事故で死ぬかもしれないんだよ」といったすごくシニカルな見方をする人がいます。つまり、明日死んでしまうかもしれない可能性を人間は持っているのに、三年後のことを夢に思い描くということは、人間が永遠の生みたいなものをどこかで信じているからではないか、それはばからしいことじゃないかというように考える人がいます。しかし私はそうは思わないのです。

そういう「明日死ぬかもしれない」というシニシズムをまき散らす人のほうが本当はわかっていないのです。そのシニシズムと、人間がいつかは死ぬ存在だという自覚とは同じことではなくて、違うことなのです。なぜならば、「明日死ぬかもしれない」という不可知論のなかに個人の生と死のプログラムの問題を解消させて語る人は、私たちの生存感覚がふつうそなえているこの世界への信頼性を無視してしまっているからです。したがってそうした仮定に溺れることは、神経症的不安でないとしたら、一種のつまらない知的遊戯に他なりません。というのも、私たちの生存感覚を支えている世界への素朴な信頼性こそ、自分たちがそなえている生の有限性に対する画然とした時間的な視野によって持ち来たらされたものだからです。「三年後にここに一戸建ての家を建てて」という夢を思い描くあり方のほうが、「明日死ぬかもしれない。一寸先は闇だ」という観念に溺れることよりも、はるかに人間の有限性という事実に忠実なやり方なのです。それは現実的に甘い夢で、全然不可能になってしまうかもしれない、そんなものは実現しないのかもしれないのだけれども、そういう夢を思い描く仕方のほうが、人間が、例えば自分は八十になって老いて、こういう感じで死ぬというような、そういう人生の視野というものを正しく繰り込んでいる証拠であり、そのことを自明の基礎として据えた上で、そういう夢を語っているわけです。

「明日死ぬかもしれない」ということを言う人は、どこかで「人間はいつか死ぬんだ」ということと、そういう脅しみたいなものとを同レベルでしか考えていないのですが、それは決して同レベルではなくて、違うレベルの問題だと思います。そういうふうに、三年後の夢でも十年後の夢でもいいですけど、人間がそういう夢を語り得る権利というのは、自分が死すべき存在であるということをきちんと知っていることによってかえって保証されるのです。つまり、自分の一生という有限なイメージが、きちんと潜在的な視野に繰り込まれているからこそ、そうした一定の計画性とか構想性といったものが成り立つのです。

死を知っていることが生の条件

簡単に今回の話をまとめます。人というのは、常にできるうちにできることをやっておこうというようにどこかで思っていると思います。できるうちにできることをやっておこうというように思っているからこそ、何かができるのです。人が自分の一生という時間的視野を心に刻み込むのは幼年期において、死すべき存在としての自分を知ることによってです。それは同時に、人間が個体として互いに他と切り離されてありながら、情緒や言葉によって結びつこうとする基本的な志向の確立をともなっています。死の認識は、そのまま私たちの生を方向づけ、意味づけているのです。だから、死というものを、単に活力が終わってしまう、燃え尽きて終焉してしまうこととして考えるのではなくて、人間にとっての死というのは、死そのものであるよりはむしろ死の自覚、死ぬことを知っているという知識なのだとみなすことが重要に思われます。

ここで知識というのは、もはやことわるまでもないと思いますが、単に意識の表面上で、生理的事実として知っているということではありません。私たちの生はたえず死によって見つめられている、そしてそのことを私たち自身が、無意識の領域も含めて、心身の総過程をあげて、あるわかり方によってつかみつつ自らの生の運動を組み立てている、そういう意味で、人間にとっての死とは、一種の知の力だと言えるのです。人間に固有の死の自覚のあり方、死を知っているというあり方が、むしろ生の条件をかたちづくることになる、そういうものとして死を理解することが大事なのではないかと思うのです。

ちょっとまとまりがないのでもう一回言います。動物にも何か特有の死の意識といったものがあるのかもしれませんが、それはよくわかりません。人間に固有の死の自覚のあり方、人間が自分はやがて必ず死ぬということを深く知っていることが、人間の生の活力形式、生きるスタイルのほうに必ず照らし返されて転化されてくる。死の意味というのは、そういうところで生きてくるのだというふうに理解することができるのではないか。私たちは有限な存在であると知っているからこそ、生そのもののなかに有意義性を創り出し確定させることができるのではないか。その事実を、特別に哲学者とか選ばれた人間とか神に近い人間ではなくて、この世に普通に生きている私たちの存在形式の中で、一つひとつ論証していくことが、死の意味を正しくとらえ直すことにつながるのではないかと思います。そういう論証をしていくことが、私がやりたいと思っている課題の一つです。

ということで終わらせていただきます。まだまだまとまっていませんが、またこの課題は私なりに持ち帰りますし、また皆さんもご自分の生き方を考えるときのヒントに少しでもしていただければありがたいと思います。

私たちは死をどう生きているか

だれでも子ども時代や青春時代に、死について一人思い悩んだことが一度や二度はあるだろう。それは別に死の危険が迫っている時というわけではない。切迫した死の危険に直面している時には、人はかえって生きる本能を働かせて、それを必死で避けようとすることに心身を集中させるから、死についいて考える暇などはない。また、日常の些事や周囲の人間関係にかかずりあっている時も、「死」という観念に思いを致すことを人はあまりしない。

さらに、ある劇的な感情に虜になっている時にも、人は「死」を考える対象として選んだりはしない。喜びや楽しさでいっぱいの時はいうまでもなく、耐えられない苦しみのさなかにある時でさえ、「早く死んで楽になったほうがましだ」と感じることはあっても、人が死ぬとはどういうことかについて思い悩むなどということはない。人が死について思い悩むのは、たいてい、さしあたり飢える心配がなく、一人ぽっちの時間を与えられて何となく退屈感や空虚感に支配され、しかもそれを紛らす手段も思いつかず、意識を自由に遊ばせるほかないような時だ。

この事実は、人間というものがどういう存在の仕方をしているかについての基本的な示唆を提供している。

人間は、次のような二重の意識のもとに生きている。一方ではたえず自分の生全体の意味や目的に対する懐疑の構えを抱えていて、果たして自分は何のために生きているのだろうとか、自分がいずれ死んでしまうのであれば、この世で何かをなしたとしてもそれが何になろうといった、潜在的な問いの下に置かれてある。しかし他方では、そういう問いをいつも意識的に持続させているわけではなくて、自分が今具体的にはめ込まれている関係や状況の中で、必要と感じられる諸事に意識を差し向け、それらの諸事が構成する物語の中に身を投じ、そこで日常的に心身を使い、時にはあることに盲目的に情熱を注いだりしている。

この二重性のそれぞれの側面は、必ずしも明確に時間によって区切られて順次交替で顔を出すというのではなく、むしろまさに常に二重性として生きられているのだ。例えば、私たちは、生きることのはかなさを感じ、人生の虚無に深く思いを致している時においてさえ、日常の諸事にたいする配慮を忘れているわけではない。

絶望感に浸りながら、人は身づくろいをし、不安にさいなまれながら、洗わなくてはならない皿に手を伸ばす。悲しみにうちひしがれている時にも宅配便が届けば、サインをして荷ほどきにかかるし、電話がかかってくれば、たったいまの「胸の苦しみ」を取りあえず棚に上げて、社交的に対応しようとする。この世には生きるに値するなにものもないという思想を抱きながら、貯金の残額を気にしたり支給される年金額の少なさに腹を立てたり、家族や友人のちょっとした言葉に本気で傷ついたりする。別に今死んでしまっても後悔しないなどと感じながら、事故を起こさないように運転に細心の注意を払ったり、常用している薬を今朝飲み忘れたことを気にしたりする。生きる本能に促されて心身がそのように動いてしまうのだ。

もっと滑稽なことに、人は時には、「人生は空しくはかない」という虚無的な思想やペシミスティックな文学を他者に向かって一生懸命表現する情熱を示すことがある。これこそは、生に対する懐疑感情と生への本能的執着との矛盾をもっとも端的に表している。なぜならばこの試みにおいて人は、何をしても意味のない空しくはかないはずのその人生の内部に、思想や文学の営みという他者への働きかけの情熱を旺盛に注ぐことによって、その行為から何らかの生の意味や価値を感じ取ろうとするという背理を平気で演じていることになるからである。

ある程度人生というものを知ってしまった人間というのはたいがいこんなふうにして生きている。しかし私たちは、こうした二重性が観察できるからといって、思想などと気取ってみても所詮はそんなものだと笑って済ませればいいというものではないし、また、二重性の矛盾を捨て去ってどちらかに徹するべきだというのでもない。ただ、論理的には矛盾するそうした二重の意識の構造を人間は生きざるを得ないという事実を自覚することが大事なのだ。人生全体に、ある確かな意味や目的を確定できなくとも、人は生きる本能と意志と情熱によってともかく生きるのである。

実際、人生全体に一般的な意味や目的を見出すということは、論理的には不可能なことである。もともと「意味」とか「目的」といった観念は、目前に迫った具体的な個々の決断や行為の外側に立って、それらの決断や行為の終局点を先取り的に見定め、それらの決断や行為を外部から意欲づけるはたらきとして作られている。ある決断や行為の意味や目的の観念は、必ずその決断や行為をその外部にある何かに関係づけるところに成立する。私たちは、ある決断や行為をなしながら、そのゴール地点における意味や目的をたえず確認することによって、その決断や行為への意欲を自らにたいしてかき立て、そうすることでその過程に伴う労苦を乗り越えようとするのである。マラソンにおいて走り続けるのは、自らの運動能力や精神的な持久力を自他にたいして認めさせたいため、おいしい店を探すのは、食欲の満足と味覚の快楽を味わいたいため、思いを寄せる人に勇を鼓して電話をかけるのは、その人との交際の機会を作ることによって、充実したエロスの関係を開きたいため、等々。

だから、もしそうした意味や目的の観念を「人生全体」にまるごと適用しようとするなら、それは結局、人生全体の外部から人生を意味づけることになり、結局、人生そのものの彼岸、すなわち死後にこその意味と目的があるということになってしまう。これは、そもそも「何のために生きるのか」という問いの本来の動機に見合わないことである。というのも、私たちは、与えられた人生を、その内部において何とかして充実させて送りたいという心情の動機に促されて、この問いを発したのだからである。

こうして個々の生の一般的な意味や目的を見出そうとすれば、それは個々の生を絶対的に超越したところに求めざるを得ない。じつは宗教がそれをやってきたのだった。宗教は、例えば私たちは私たちの生を統べたもう神の栄光のために生きるというように、常にこの現実的な生の外側に生についての解釈を求めようとする。しかし、私たちはもはや宗教的な理路に安易にすがりつくことはできないというのが、ここでの考察の前提なのである。

死を引き受けつつ現世を肯定する

人間の意識は、いま述べてきたような二重性を宿命的に背負っているのであるが、意識はまた、どんなことをもその対象にしうるという自由な本性を持っている。だからそれは、外的な事象であれ、内的な関心事であれ、一定の志向対象にとらえられていないと、すぐにでも自分自身のまわりをめぐりはじめ、自分自身の存在理由が何であるかを問い始める。言い換えると、意識が意識そのものを対象としてしまうのだ。

しかし、意識とは、もともと何か決まった対象ではありえない。それは、外的知覚や身体事象を次々に特定の志向対象として措定し統合してゆく心のはたらき（作用、運動）を意味するから、対象とか内容としてみるかぎり、本質的に空虚なものである。対象として空虚なものを対象とする時、それは、それ自身の存在可能性、あるいは同じことだが、それ自身の非存在の可能性を問題とすることにならざるをえない。それがじつは、死について思いを致すということなのだ。なぜならば、死とは、私たち人間にとって、もはや取り戻しえない「意識の非存在」を意味するからである。

ハイデガーは、日常の些事に取り紛れたり他の人間と交わったりして死にたいする不断の無関心を配慮している状態を「頽落」と呼び、そこから離脱して自己に帰り死の不安にじかに向き合った状態を「本来性」と呼んで、両者の間に一種の格差づけの感覚を持ち込んだ。つまり価値判断的な視線の光のもとに両者を区別した（彼自身は「頽落」の概念は価値判断的ではないと言い張っているが、本来的であることが良心の喚び声を招き寄せるというような倫理的な展開を見ると、やはり語るに落ちている）。しかし、本書の第四講でも繰り返し述べているように、このような価値づけは意味のないことである。というのも、私たちが時に死の不安にさいなまれたり、死についてことさら深く思いを致さざるを得なかったりするのは、ただ、志向対象を喪失した時の人間意識のはたらきの必然性に根差しているにすぎないからである。

ハイデガーが行った、本来性と非本来性との価値づけは意味のないことだが、彼が、人間は死すべき存在としての自分自身をまさにそういう存在として常に気にかけている存在であると規定したことは正しい。ハイデガーの用語を逆手に取るなら、人間の意識は、何か他のことにとらわれていないと、むしろ常に自分自身の非存在（死）のことに思いをめぐらせる状態に「頽落」してしまうように作られているのである。

その根源性から人間は逃れることができないから、私たちは、その根源性そのものにもとづきつつ、何とかしてこの生を意味あるもの、価値あるものと感じられるような論理を編み出す必要にいつも迫られている。大方の宗教は来世信仰によってその物語を作り出してきたのだが、それが多くの場合、弱者のルサンチマンを基礎とした現世否定（しかし実は屈折した現実肯定）の感情を集約したものであり、結局、この生にたいするニヒリズムに回帰してしまうことは、ニーチェによってすでに見抜かれている。

生を意味あるものと感じるためには、あくまで、この現世における私たちの営みがそのままで——死を自覚する存在としての人間という規定をまるごと引き受けつつ——肯定され、意味づけられるのでなくてはならない。第四講で、「企画」や「約束」によっておのれの生を構想できる人間固有の能力が、自己の生が有限であると知っていることそのものから構成されていると説いたのは、そのためのささやかな試みであった。

死は共有されている

ところで、死についての思い悩み方には、私自身の経験や他の人々の経験談を総合する限り、大きく分けて二つのパターンがあるように思われる。

私は、小学生の頃（何歳だったか正確には覚えていない）、人がみないつか死んでしまう運命にあるのだという事実がたとえようもなく悲しく感じられ、一人柱にもたれてすすり泣いていた。母の発見するところとなり、何を泣いているのだと聞かれたので、正直に答えると、母は、「そう、そんなことをあなたは考えていたの」と、感にたえたような声を漏らした。何か慰めの言葉をもらったはずだが、それは残念ながらあまり特効薬にはならなかったようで、印象に残っていない。

この場合、死は、人間全体を不可避的に襲う悲しい事実として感じられている。一人ひとりの命に限りがあるとか、みんながわかれわかれになってしまうということが理不尽に思われて仕方がなかったのだ。似たような話は、ほかの人からも何度か聞いたり読んだりした覚えがある。この感覚は、人間の自我が、一つひとつ孤立して存在しているように見えても、じつは共同性として振る舞う以外ないあり方をしていることの証拠となっている。身近な者の死や自分の死を想像して、その理不尽さを悲しみという情緒の形式で表現するのは、共同性のとぎれや共同性からの脱落が、自我の構成条件の決定的な喪失を意味するからである。要するにこの悲しみの感覚は、共同性としてある人間のつながりの意識、つまり情緒的な共感の構造が脅かされている状態ととらえることができるだろう。

もう一つのケースもよく人が口にする。自分がいなくなるとはどういうことかが理解できないと同時に、そのことがたまらなく怖いという感覚である。私の場合、これは思春期に強く感じられた。そしてこの感じには、「この自分」が「この自分」として存在し、他者は向こう側に自分とは絶対的に隔てられて他者としてしか存在しないことが不思議でならないという感覚を同時に伴っていた。できるだけ後からの修飾を加えずにその時の感じに即して言葉にしてみると次のようになる。

どうして特別に「私」というものがあるのだろう。なぜみな平等な比率で「私」であったり「あなた」であったり「彼、彼女」であったりというように配られていないのだろう（この「平等に配られる」という想定は、論理的にうまく記述できない）。父や母や兄は、皆「この私」と同じような仕方で「私」を持っているのだろうか。そのようにしか見えないように振る舞っているが、でも、その身になってみることはけっしてできない。彼らは、自分だけが「私」であることを不思議に思わないのだろうか。周りの人たちは、私を名前で呼んで、ほかの人と同じように、大勢の人間の中の一人、世界の一小部分としてしか扱わないが、私にとっては「この私」がすべてだ。私は何かの「部分」ではなく、私自身の中に充満する全体である。

彼らは炬燵の向こうで話したり笑ったりしているが、時々ふっと、彼らが書き割りの中のように遠ざかって見えることがある。やっぱり、「この私」だけは絶対で特別だ。自分はもしかすると絶対者なのかもしれない。何か神のようなものから、特別にある意味をになわされて「私というこの特異な立場を生きよ」という使命を与えられているのではないか。では、その私がいなくなるとはどういうことか。そんなことが本当にあり得るのか。私が消えればこの感覚や意識が消えるのだから世界も消えることはどうやら確実に思える。だがそんなことが起きた場合に、それにはいったいどんな意味があるのか。この絶対の私が消え、同時に世界も消えるのだから、それはすごいことのはずなのに、まわりはそんなふうに見てくれそうもない。これはいったいどういうことなのだろう……。

もちろん私は、ふだん、学校で勉強したり、友人と交わったりして、それほど孤独でもなく、それなりに楽しくやっていた。だが、一人になって自分と向き合った時、よくこういう疑問や不安が頭をもたげてきた。幼いなりに、私は真剣に考えていた。そしてどこまで考えても堂々巡りで、納得できる答えは見つからなかった。

やがて大人になり、否応なく人生の諸事にかまけ、私は自分を襲ったこの感覚の奇異さ、新鮮さを磨り減らしてしまったが、こういう感覚がかなり普遍的にみられるらしいことは、そもそも哲学というものが、この種の感覚を一つの出発点にしていることでもわかる。

今ではこの「絶対感覚」に、独我論的な主観性という名前を当てて、その感覚の特権性を基礎に思考するかぎり誰でもこのような袋小路に陥ることは避けがたいという客観的な視点をとることもできる。また、こういうことに強くこだわる資質はある程度限られていて、他人と気安くうちとけあうことが苦手な一種の分裂病質的な傾向の持ち主であるというように、自分を精神病理学的に対象化することも可能である。

しかし、客観的な視点をとったり、病理学的に対象化できるからといって、私がこの基礎的な感覚を乗り越えられたわけではない。そしてまた、ほかの誰かが乗り越えられるわけでもない。ここには、意識が意識自身の存在・非存在を問題にする時の必然的な成り行きがそれなりに素描されているからだ。

意識が自分の非存在を「了解」することは、論理的に不可能である。なぜなら、了解するとは、主観的な意識の持続によってある問題対象を表象し把握することであるが、意識の持続の下に意識の断絶という問題対象を把握することは背理だからである。意識は「はたらき」だが、「はたらき」がそのはたらきをはたらかせることによって、それ自身のはたらきの「停止」を表象することは不可能である。にもかかわらず、意識は、その自由な本性によって、それを表象し把握しようとする。そこには根源的な矛盾がある。こうして、死を表象し把握しようとする志向と、その不可能性との矛盾が、死への不安や恐怖を生む。

以上のように見てくると、次のことが言える。つまり、死についての人間の意識は、共同存在としてのありかたのほうからは、その共同性が時間の中でとぎれてしまう予感にたいする情緒的なリアクション（＝悲しみ）として現れ、「私」という絶対的な主観性の枠組みの内部では、意識の途絶にたいする了解の不可能性の感覚（＝不安）として現れる。

しかし、私の知るかぎりでは、哲学者たちはこれまで死を問題とする時に、後者の主観性によって捉えられる側面ばかりに注目しすぎてきたように思う。第四回の講義で、死は本当に不可知であり、経験不可能であろうかという疑問をしつこく提出したのも、このことにかかわっている。

繰り返すが、死の不可知性、経験不可能性は、「知る」とか「経験する」とかいうことを、主観的意識の理性的な把握作用と限定するかぎり、原理的に正しい。だが主観にとって知ることができない、経験することができないという限界は、必ずしも人間総体の限界を指し示してはいない。死の不可知性、経験不可能性を強調することは、じつはそれ自体が特定の立場の反映にすぎないということに私たちはもっと気づくべきだ。

特定の立場とは、人間をそれぞれ閉じられた個我としてとらえ、意識をどこまでもその個我の上にのみ立脚する主観として考える立場である。だが私の考えでは、この立場は、人間をとらえる上で、ある偏りを示している。

もっとも私は、こう述べたからといって、観念論にたいする唯物論の立場とか、主観主義にたいする客観主義の立場とかを対置することで哲学史上の古典的な議論を蒸し返そうというのではない。私がここで注意を促したいのは、次の二つの点である。

① 知るとか経験するとかいうことが、もともと意識の持続の内部においてしか成り立たない現象である以上、私たち人間は、死についても、それ以上は望めないかたちで、ある知や経験を確実

に保有していると見なすべきである。なぜならば、私たちは、現に死という事象に格別の関心を寄せ、それに死という名称を与え、それを主題として語り、それにかかわる時にそれにふさわしいかたちでさまざまな行為や表現をなしているからである。

②　私たちは、死についての知や経験を、他者の死を通して得てくるほかはない。このことは、ただ人間が一人ひとりばらばらな個体的実存として存在していることを表しているのではなくて、逆に（そこにしか、死についての知や経験をつかみうる契機がないのだから）人間が、他者の実存をわが実存として共感的に生きる存在でしかありえないことを、最も極限的な地点において指し示す事実である。この共感存在、共同存在としての事実がなければ、私たちは、そもそも死について思い悩んだり考えたり互いに語ったりする資格が得られないのだ。私たちは、「死は、一人ひとりにまったく孤独なかたちで訪れる」などと言表するが、そうする時においてさえ、死についての知や経験の共有を前提としているのである。それでなければ、そもそもこの言表行為という共感欲求が意味を持たないではないか。

情緒の共有による死への防護

こうして、共同存在としての人間のありかたから、死と人間の生の営みとの関係を考える場合、生の共同的な営みを構成している基本的な要素が、人間固有の死の自覚のありかたとどのように緊密な連関をなしているかを解明することが課題となる。ここでは、その課題を十分に果たすことはとうてい望めないので、しめくくりとして、アウトラインだけを述べておきたい。

生の共同的な営みを構成している基本的な要素としてここで私が考えているのは、言葉と、一般的なものとしての情緒と、性的関係（性愛関係）である。問題は、これらの三つの要素が、それぞれどのように、人間固有の死の自覚に基礎づけられているかを記述することにある。すでに言葉については、第四講で概略を述べたが、情緒や性的関係については、ほとんど言及し得ていない。

しかし、その前に、そもそもこれらを三要素と規定してしまうことで、私たちはかえってむずかしい論理的問題に出会うという事実を心しておかなくてはならない。三つの要素といっても、私たちの生活の中で、これらは、ただ独立にかつ並列的に作用しているのではなく、また単にそれらが相互に支え合うといった言い方でとらえるのでも十分ではない。もともと、これらの概念は、次元を異にする原理として立体的な関係を構成している。したがって、三つの要素を平面的な空間配置として図式化してその関係をとらえるような粗雑な思考方法、記述方法を避けなくてはならない。

そこでまず、情緒的あり方とは何か、またその中でとくに性愛的情緒の価値の大きさは何を意味しているかについて記しておく必要がある。

人は、互いにかかわる時、それぞれがある安定した、平穏な情緒の状態を保持していることを前提としている。日常的に言葉を交わし合う場合でも、相手が自分と交流可能な情緒的構えを持っていることに信頼を置きつつそうする。この信頼は、ある一定の文化圏内であれば、ほぼ共通して確立されているし、また言語や生活習慣などの異なるかなり違った文化圏の住人どうしであっても、まったく海のものとも山のものともつかない、異質で了解不能な存在にたいする態度で相手に接するといったことは、ほとんどありえない。

相手が何を考えているかわからず、言葉もまったく通じず、銃を隠し持っているかもしれないから、最大限の警戒を要するというような場合でも、その警戒心の基礎になっているのは、相手の憎悪とか敵意とか恐怖心とか、対よそ者意識といった、こちら側にも思い当たる節のある、了解可能な特定の感情の様態である。私たちは、いかなる人間のそれであっても、その表情や態度や行動の様式から、それがそういうものであることを理解できる。それが理解できるのは、万人に共通の情緒の安定状態にたいする〈信〉を私たちが持っているからであって、私たちは、特定の感情の様態を、それからのある変容として理解するのである。「あれは怒っている」、「あれは悲しんでいる」、「あれはこちらに敵意を持っている」というように。そもそも人が凶器を用いて互いに争い合うというようなことが可能なのも、自分と同じように、基礎的な情緒の安定を基盤として、そこからのさまざまな変容状態をとりうる存在として相手を認めている証拠である。

この最も基礎的な情緒的存在としての相互了解性、信頼性は、ハイデガーのいう「気分づけられてある」現存在という規定にほぼ相当するが、この相互了解性は、生活圏が日常的にかつ深く共有されていればいるほど、問題とするにも足りない、表面に浮かび出ない自明のものとして生きられている。私たちの言語では、これを「気心が知れている」と表現する。

もっとも、この相互了解性が破られる場合が一つだけある。精神異常に接した場合である。精神異常とは、私たちがその人とじかに共有している場面についてのあるべき相互了解からはなぜそのような変容を示すのかがなかなか納得できないような態度に対してつけられた名前である。

私たちは、接する相手が、それまでこちらのあずかりしらない状況にいて、固有の感情の歴史を生きてきたことを互いに認めているから、例えば、ある人が突然怒って現れたとしても、ただちにそれを精神異常と感じるわけではない。私たちはまず、なぜそんなに怒っているのかと、その背景を尋ねようとするだろう。背景を尋ねようとするということは、彼が普通は情緒的な平穏さを保っていて、何かの理由でいま一時的にそうした逸脱を経験しているのだと認めていることを示している。

しかし、精神異常においては、その逸脱が、平穏状態からの単なる一時的な変容ではないことが直感される。私たちは、精神異常に接する時、むしろそれが私たちとの間に容易には平穏な情緒の相互了解性を回復し得ない恒常的な逸脱の状態にあることを感ずるのである。精神病理学は、この恒常的な逸脱の状態に、そのパターンにしたがって情緒障害とかノイローゼとか何々神経症とか躁鬱病とか精神分裂病とか、その他さまざまな命名を施して理解の糸口を見つけだそうとしてきた。しかし、どのような命名を施して理解したつもりになったとしても、それらはそれぞれの病像の特徴にもとづいた分類にすぎず、むしろそのような命名によって私たちがやっているのは、最も基本的なレベルでの了解の困難さそのものを類別しているにすぎない。そのことによって、精神異常一般が平穏な情緒の相互了解性からの恒常的な逸脱であるというはじめの直感が解消されるわけではない。

誤解を避けるために一言すると、私はここで、精神病患者の思考や感情の脈絡が常人には絶対に了解不可能だ、などと言おうとしているのではない。精神病者の「心」のありようにはまた、一般の健常者のさまざまな情緒的変容からの連続性を辿りうる側面も明らかに存在する。しかしまた、そこには、誇張性、常同性、強迫性、空回り性、昂進性など、健常者からは明瞭に区別されうる一種独特な質的特徴が存在することも見逃してはならないと、私は指摘しているのである。

ともあれ情緒とは、人間の心身が、ある共通の仕方でこの共同世界に開かれてある最も基本的なありようをさしている。ある個体が情緒性を保有しているということは、単にその個体の、外界からは自立した内的な状態をさすのではなく、彼が自分の同類に対して互いを同類として認め、相互に交流を可能にするような心身の構えを常に具備していること、個体がこの人間の共同世界のただなかに存在していること自体を生き生きと感じ取り、かつそれを他者に対していつでも表現しうる潜在的な態勢にあることを意味する。

この基本的な情緒性の具備（普通の、平穏な心の状態）を土台として、人々はさまざまな感情を抱き、またそれを他者に向かって表現する。感情とは、外界および身体それ自身との関係によって促された情緒性の変容であり、一種の内的な行動である。感情は、それがたとえ身体や言葉によって外に表現されず自己の内部にとどまる場合でも、すでに一つの表現行動である。それは、他者との関係性としてしか存在し得ないところの自己自身に向かっての表現行動なのである。

しかし、人間の感情が、かくも激しく、時にはポジティヴに時にはネガティヴに揺れ動く事実、また彼がどういう他者と接するかによっていかに多様な情緒的構えを潜在的にとるかという事実、さらには一人でいる時にも、過去の記憶や未来への展望や身体の調子などによっていかに刻々とその気分状態を変えるかという事実などを観察すると、情緒の平穏さ、普通さの具備というあり方が、じつは、「そうあるべきもの」として私たちの共同世界の要請から後天的に作り出されたものであることが了解されよう。私たちの親しんでいる「情緒の平穏さ、普通さ」には、人間の共同世界の歴史的な経緯が深く折り畳まれている。

意識の本質的な自由さ――それは意識の本質的な不安と言い換えても同じことだが――という観点から見れば、個体の意識は、可能性としては無限に多様なかたちをそのつどとりうるはずである。彼は、他人が居合わせることなどおかまいなしに、猫の目のように次々とその場にある対象に関心を移すこともできるし、人のついていけないような突飛な連想の系列で意識を埋めることもできる。また一つの対象や観念に石のように意識を固定させて何もそこから引き出さないでいることもできるし、その対象や観念にまつわる特別の思い、例えば美的感動や、発明的着想や、愉快なあるいは不愉快な記憶などにいつまでも浸ることもできる。実際これらの多様さは、それぞれの人々が持つ強い傾向として現れることがあり、それを私たちは、「性格」という言葉で括っている。また共同世界への配慮を衰弱させた夢や狂気においては、この意識の自由さ（不安）は、活発で勝手な暴走を示すことがある。

　だが私たちは、そういう意識の自由さ（不安）をまったく野放図にはさせておかず、一方では常にある平均的な標準領域ともいうべきものを見定めて、そこに向かって自分の意識を安定させようと図っている。その平均的な標準領域は、共同世界を生きてきた経験から私たちの中に「内なるもの」としてすでに設定されている。それは一言で言えば、他者との関係意識の領域である。私たちは、この「内なるもの」としての他者との関係意識の領域に意識を安らわせることができる限りで、情緒の平穏さ、普通さを保つことができる。というのも、すでに述べたように、意識の自由さ（不安）は、他者関係的な拘束から解き放たれると、いつでも自分自身の非存在（死）をも表象しようとする特性を備えているからであり、自分自身の非存在とは、共同世界からの絶対的な脱落を意味するからである。

　この内なるものとしての他者意識は、共同世界の具体的な歴史に応じて、その文化的な表現を異にする。例えば西欧では、「父なる神」という観念がその中心をなしてきたし、わが国では、よくいわれるように「世間」という観念が大きな位置を占めている。しかし、共通であるのは、そうした何らかの規範的な観念は、もともと自分自身の非存在をも表象しようとする意識の本質的な不安を鎮めるはたらきを持つものとして意識の中に導き入れられた観念であり、いずれも共同存在としてのおのれを維持するために構成された「他者観念」の一形態に他ならないという事実だ。

性愛と死

人間の情緒と呼ばれるものが、もともと共同世界（他者とともにある世界）と切り離せない構造的な関係に置かれている事情について述べてきた。この考え方からは、情緒の不安定とは、それが共同世界への志向を強くはらみつつも、その志向の具体的な着地点を周囲の状況の中に適切に見出し得ない状態であると規定できる。

ところで私たちは、この共同世界の中で、性愛関係という特別の関係領域を抱えている。フロイトを俟つまでもなく、情緒の不安定と呼ばれる現象の多くが、この関係領域における感動興奮のあり方に起因している。

性愛の領域は、人間の情緒を他と別して激しくかき立てる。それはあまたの歌やロマンの発生源となるし、人間的葛藤の修羅場を作り出すし、大衆の目を有名人スキャンダルに釘付けにさせる。

この関係領域はなぜ特別な意味を私たちに対して持つのだろうか。詳しく問うている余裕がないが、その理由はとりあえず二つ考えられる。一つは、この領域が、他の共同世界一般から当事者を隔絶させて、個体と個体との直接的で全人格的なかかわりにもとづく心身の営みをポジティヴに促すような唯一の領域だからである。もう一つは、ショーペンハウアーやバタイユがそれぞれの仕方で見抜いていたように、この領域における営みが――それが時にはいかに人間に特有の反自然的な幻想に支えられているとしても――、当の個体自身を滅ぼして、種の連続性の実現につながりうるような強固な力(自然の意志)にもとづいた、個体超越的な営みだからである。

この二つの理由は結局は同じことを別の側面から言ったものだ。前者は、実存的な経験の側面から、後者は、生物学的な客観的視点から。要するに性愛は、個体が個体それ自身を投じて、自分の属する既存の共同性から浮き上がった、それとはまったく別の閉じた共同世界を作り出そうとする営みである。ところがその閉じた共同世界自体が、種の連続性に向かって開かれてゆく可能性をも秘めている。神話やＳＦの世界では、一対の男女という人間関係の元型が、しばしば新しい世界の創造の出発点として表現されるのである。

このように、性愛という営みは、個体自身の強い欲望にもとづくと同時に個体超越的であるという根源的な矛盾を抱えている。性愛の追究による共同性からの浮き上がりは、場合によっては、共同性からの永久の脱落を導きかねない。だが愛し合う二人はそれでもいいと言う。愛さえあればほかには何もいらないと彼らは感ずる。その結びつきは、深ければ深いほど、また共同性からのリアクションが強ければ強いほど、死と引き換えにしても余りあるという幻想すら生む。しかしこれはあながち根拠のない幻想とばかりはいえない。実際、共同性からの脱落は個体の死を意味する。が同時にその死に向かう過程を通して、自らもその一員であるところの種にとっての新しい生命を生み出すことも可能なのである。

人間は、自分の身体を具体的にかかわらせうる関係を通して情緒の交流の世界を作り上げ、その世界の中で生き死にする。これを広くエロス的共同世界と呼ぶとすれば、性愛関係こそが、エロス的共同世界の要をなしている。

私は、情緒を保有しているとは、自分の同類に対して互いを同類として認め、相互に交流を可能にするような心身の構えを常に具備していることを意味すると述べた。情緒は、人間がそもそものはじめから共同存在であることの証しである。しかし性愛においては、それは、個別の相手との一体化の欲望という激しくポジティヴなものを伴っている。そのことによって、性愛は、個体の中に、自分自身が抱えている内なる共同性一般との背反の意識を植え付ける。これは個体にとって一つの危機である。性愛的な情緒がみだりに公開されてはならないと考えられたり、羞恥という独特な感情を伴ったりするのは、それぞれの身体を襲うこの情緒の個別性の強さが、日常的な共同性を支配している習慣的な秩序を食い破るように感じられるからである。性愛的な情緒はさしあたり「二人だけの世界」を強引にめがけようとする。

しかし、そうではあっても、人間はこの情緒の展開が、一方では共同体全体の再生に寄与する可能性があることを認識してもいるので、対象の定まらないその情緒の放埒な露出を喜ばないまでも、それが一つの個体との永続的な結びつきに固定され、共同体一般の発展につながると感じられる限りで許しと承認を与え、今度は逆に祝福しようとさえするのである。婚姻がめでたい儀式として扱われるのは、性愛的な情緒のもつ際だった突出性と、共同体の習慣的な秩序との間に妥協と和解が成立したからである。

死の補償としての情緒

最後にもう一度まとめよう。一般に、情緒を介して人が互いにつながり合おうとすることのうちには、人間が個体としては個別ばらばらに死んでゆくほかない事実にたいする補償の意味合いが繰り込まれている。人間は、それぞれの身体の絶対的な個別性を強く意識する存在としての特性を与えられているが、情緒とは、その個別性を超克しようと試みる人間精神の最も基礎的な表れである。悲しみや苦しみや怒りなどのネガティヴな感情さえも、それらが自己と他者に向かっての一定の表現であるという意味で、身体の絶対的な個別性を超克しようとする動機、すなわち他者との関係づけの動機を含んでいる。

性愛的な情緒もこの例外ではないが、この場合は、情緒性一般の中で、特定の個体との心身全体の合一をはじめから目的としてめざしているという点で、他と際立っている。この特例は、共同世界一般を支える情緒性との間に齟齬を生み出す可能性を持っている。それは時には、その激しさのために共同性からの孤立（その究極は死である）へ人を追いやるし、またそれ自体が、次世代へ生命を譲り渡すための個体の死という過程を予期的に含んでいる。「エロチシズムとは、死に至るまでの生の称揚である」というバタイユの逆説的な定義が成り立つゆえんである。しかしそれでも、それが、人間が個体としてばらばらであるという絶対的な事実を乗り越えようとする動機をひそませていることには変わりがないのである。

あとがき

死は、すべての人にとって大きな問題であるのと同じく、私個人にとっても逃れられないテーマである。私はいま、五十代半ばだが、体はすでにあちこちガタがきていて、記憶力の減退や新しいものを取り込む気力の衰微を感じることもますます頻繁になっている。何かに深く感動することがめったになくなり、人生に飽きたと感じることも少しもまれではない。「死」はゆっくりと確実に私のうちに歩を進めつつある。

こんなことを言うと、高齢者から「そんなことを言うのはまだ早い」と笑われそうだが、残念ながら偽らざる実感である。ただ私は一方ではまだ生への未練をいくらかは残しているらしく、こういう事態をひどくまずいと感じ、何とかならないものかとあがいている状況なのだ。もう少し生き抜けると、かえって腹が据わって淡々とできるのかなあなどとも思っている。

そんな私にとって、死は、子ども時代に感じたような、直接的な不安や恐怖の対象ではなくなっている。それはいちおう、いつ来てもおかしくないものとして、自分の意識の中に受け止められてある（刃物などで殺されることだけはごめんこうむりたいが）。だがそうであればあるほど、人間が自分の有限性を自覚していることが、自身の生にとっていかに大きな意味を持つかということが、強く感じられるようになっている。

私はこの本で別に自分の年齢に即した人生観を披瀝したわけではなく、あくまでも普遍的な論理を語ってきたつもりだが、この年齢になって、幼い頃、若い頃はただ感じるばかりでよく見えなかったことがもう一つ見え、死についての幼い頃、若い頃の感覚と今の感覚との両面を二重写しにしながら、その全体を語る資格をそれなりに得たような気がしていることもたしかである。

＊

世織書房の伊藤晶宣さんから初めてこの本のためのテープ起こしをわたされた時、正直なところ、私の中には、これを本にすることへの躊躇があった。というのは、一つには、「まえがき」にも断ったように、すでに同じ主題で一冊の本を書いていて、自分の思考がまだその本で果たした地点からほとんど発展進歩していないからである。また、身銭を切って私の拙《つたな》い話を直接聞いてくださった講座の参加者の皆さんにはいい迷惑というものだが、私は語りでものごとを説くのを大の苦手としていて、起こされたテープを読むと、意を伝え得ていないと感じられることおびただしく、自分でも何が言いたかったのかわからないような部分さえある始末だからである。しかし、本にするとの申し出をいただいた以上、語りを生かした文章をきちんと練り直さなくてはならない。案の定、今回も原形をとどめないほどに改稿を重ねることになった。

このめんどうな素材をきちんとした本にまで仕上げてくださった、伊藤さんはじめ世織書房のスタッフの皆さんのご苦労と熱意に対して、心から感謝の意を表します。

二〇〇二年一月五日

小浜逸郎

著者紹介

小浜逸郎（こはま・いつお）

1947年生まれ，批評家。

著書に『学校の現象学のために』『可能性としての家族』（以上は大和書房），『方法としての子ども』（ちくま学芸文庫）『ニッポン思想の首領たち』（宝島社），『男はどこにいるのか』（ちくま文庫）『人はなぜ結婚するのか』『オウムと全共闘』（以上は草思社），『時の黙示』（学藝書林），『大人への条件』（筑摩書房）『癒しとしての死の哲学』（王国社），『正しく悩むための哲学』『「弱者」とはだれか』『「男」という不安』（以上はPHP研究所），『なぜ人を殺してはいけないのか』（洋泉社），など多数。

死の哲学

2002年８月15日　第１刷発行©

著　者	小浜逸郎
装　幀	間村俊一
発行者	伊藤晶宣
発行所	(株)世織書房
印刷所	(株)真珠社
製本所	協栄製本(株)

〒240-0003　神奈川県横浜市保土ケ谷区天王町１丁目12番地12
電話 045（334）5554　振替 00250-2-18694

落丁本・乱丁本はお取替いたします　Printed in Japan
ISBN4-906388-90-6

小浜逸郎
先生の現象学
二二〇〇円

佐藤　学　教師というアポリア　反省的実践へ　四〇〇〇円

齋藤　孝　教師＝身体という技術　構え・感知力・技化　三四〇〇円

永井良知　尾行者たちの街角　〈探偵の社会史①〉　二五〇〇円

目取真俊　沖縄／草の声・根の意志　二二〇〇円

〈価格は税別〉

世織書房